日常の最前線としての身体

社会を変える相互作用

草柳千早
Kusayanagi Chihaya

世界思想社

目　次

第7章　ゴフマン相互作用論の地平　201

——「今ここ」を生きる、とは

第8章　身体・社会・海・太陽　227

——身体について語ることをめぐって

はじめに

現代社会で、生きることは容易ではない。一人ひとりの抱えるさまざまな問題がある。社会には問題が山積している。解決不可能と思えるような困難が常態化している。今の社会は最高、生活は考えうる最高の状態、何の問題もなし、などと感じている人がいたなら、それは例外といえるだろう。誰もが多かれ少なかれ現状をもっとよいものにしたい、よりよく生きたいと願っているのではないだろうか。

私たちはそれぞれの生きづらさといかに向き合い、よりよく生きることへと向かっていくことができるのか。私たちは実際にさまざまなことを、個人的にも集合的にも試みる。組織的な社会運動、さまざまな異議申し立て活動など、「アクションを起こす」と表されるような活動に積極的に関わっていくこともあれば、日々のごく些細なふるまいによって周囲に何らかの影響を少しずつでも及ぼしていく、ということもある。人びとの抱える問題や「社会問題」と呼ばれるものにとりくむことが仕事、あるいは仕事の一部である、という場合もあろう。何かをすべく一大決心をすることもあれば、なんとなくそうしてみる、といったようなこともあろう。もちろんその内容はさまざまでありうる。

だがこうしたさまざまな試みに共通するのは、社会のなかで現状から排除されている可能性、他でもありうる可能性を現実へと引き込み実現させようとする、ということではないだろうか。それによって現状は、全面的にということはありえなくとも、少しずつその姿を変えていくだろう。

とはいえ、ある人びとにとってはつらい状況も、他の人びとからすれば、何ら問題ではなく、つらいどころかごく当たり前、いやむしろよい、このままで十分である、ということは、多々あることだ。後者が多数派であれば、前者、少数者の困難は隅に追いやられたまま、その生きづらさは続いてしまう。また、現状の成り行きに支配的な力を有する立場、そこから利益を得る立場からすれば、他でもありうる可能性を顕在化させようとする試みは、それ自体排除するにしくはない標的となろう。つらさに対してなんとかしようとする人は、しばしば、このようにして、第一に自分が求める状況の実現が阻まれており、さらにその現状をなんとかしようとする試みが阻まれる、という二重の排除に直面する。これは社会のどこかにいる、私たちではない誰かのことではない。私たちの誰でもが、一方ではこの排除の力をたしかに受け、他方では、あるときは無自覚のうち、またあるときには明確な意志をもって排除する側ともなる。

あるときには、人は、生活のなかで直面する問題を「社会問題」として捉え異議を申し立てていく。デモや集会、陳情、交渉など、集合的、組織的な活動に参加したり、意見を表明したりする。そうした活動は、周囲の目にも明らかである。しかし、そればかりではない。私たちはそれぞれが日々身を置いている状況のなかで、さまざまな形で、疑問や抵抗を表現し、状況に働きかける。必ずしもいわゆる「運動」や「活動」としてはっきりと画定しがたいような、日常的な場面でさまざまなことを試みている。それらは、これといって明確な形をとらないかもしれず、捉えにくいかもしれないが、なされている。実際に皆している。

それは、私たちが他者と共にいるところで必ず繰り広げられている相互作用、すなわち共にいる限り与え合う相互影響、そのなかで刻々と試みられている種々の実践である。私が本書を通して考えていきたいのは、こうした実践の可能性である。

とはいえここで、一方に、いわゆる「運動」や「活動」として捉えられるもの、他方に、そこまでにいたらない日々のこまごまとした実践、というレベルの異なる行為があると考えているわけではない。「運動」や「活動」といわれるものも、またそうは呼ばれないものも、人が実際に行うものである限り、そのときどきに人びとが共に居合わせる「共在」、今ここの現場で試みられるのであり、そこで繰り広げられるのは、そこにいる者たちの相互作用に他ならないからである。参加者は、そこで刻々と繰り広げられる相互作用のただなかに身を置いて、他者と状況に働きかける。例えば「活動」の会合にせよ、路上で立ち話をするにせよ、その現場、今ここにあるのは、いつもその場に身をもって参加する人びとの相互作用なのである。

相互作用のただなかで行われていくことは、プロセスであり、それ自体としてまとまりをもったひとつの出来事をなしているわけではない、これといって名づけがたい事柄である。それらは、見方によって「運動」や「活動」という括り方ができるかもしれないし、逆にそのような括りのなかでは焦点を当てることが難しいかもしれない、いずれにせよ相互作用における実践である。こうした実践が今ここの現場においていかに展開されていくのかいかないのか、ということが、おそらくは、「運動」「活動」と呼ばれるものの具体的な行方を左右する、というよりも、行方そのものの刻々の展開といえるだろう。

要は焦点の合わせ方である。アクティブな「活動」か、そこにいたらない日々のちょっとした実践か、ではない。何をするにも、その最前線は、私たちが現に身を置く今ここの相互作用なのである。そこに焦点を当て、相互作用のただなかで私たちが行っていること、それゆえに私たちに起こっていることに光を当てたい。

このような視点をとることは、社会学において、決して新規でも変則的でもなければ、無謀でもない。これは、相互作用を社会学の対象とすることである。その研究は、E・ゴフマンが狙いを定め追究した。社会学史を遡れば、学の草創期に立つ一人、G・ジンメルがいる。相互作用に目を向けよう、と彼はいった。「相互作用の特別な様式が存在し、この様式の出現とともにまさに社会はそこに存在することになり、さらにこの特別な様式は社会の原因でも結果でもなく、すでにそれらが直接社会そのもの」である。「あらゆる瞬間にそれらは、展望しがたい豊富さと多様さで作用している」(Simmel 1908: 訳上 21)。そしてゴフマンはいう。「そのときその瞬間を我がものにしようとするなら、人は生身でそこにいなければならない。その生身は、それまでに被ってきたすべての傷とともに、どこへ行こうとどこへでもその人についてまわる」(Goffman 1967: 166, 訳 172)。「身体だけは、決してどこかへ置いていくというわけにいかない」(Goffman 1967: 167, 訳 173)。

日々他者たちとの相互作用のなかで、私たちは生身の身体で生きている。何をしようとするにせよ、私たちは「自分自身を身体面で使いこなさなければならない」(Goffman 1967: 259, 訳 264)。だが、その身体は他者の前にさらされている、その点で同時にまったき受け身のものでもある。生身の私たちはそれゆえに脆くもあり強くもある。しかしとにかく、このようにして私たちは今ここを生き、この条件のなかで、それぞれ身をもって現状の困難に臨んでさまざまな実践を試みる。そこがいつも社会の最前線である。

第1章　見られること、見ることの力
相互作用と身体

1　はじめに

相互作用としての社会というジンメル以来の認識論的立場をとるならば、あらゆる社会的な現象は相互作用として見ることができる。ところで、私たちは身体をもち、身体として日々生きている。さまざまなメディアによって身体を介さない相互作用、コミュニケーションが活発に行われている現代であっても、身体は相互作用になくてはならない。この章では、相互作用を身体に注目して考察する。ここでは、何らかの事柄を問題化しようとするクレイムを申し立てる者（クレイマント）[1]とその受け手の間で展開する相互作用において行われていることを、身体という要素に注目して考察していきたい。身体への注目ということでの関心の端緒には次のようなエピソードがある。

以前、広告業に携わっていた人と話していてこんなことを聞いた。もしあるクレイム申し立て運動に対して反対キャンペーンを張ろうとするなら、テレビ討論会の企画という妙案が考えられる、と。曰く、参加者として一般の若い女性を集め、現状維持派と改革派、半々で討論させる。ただし、前者には外見の魅力的な女性たち、後者には逆の女性たちを揃える。彼女らの討論を見て視聴者はどちらにより好感をもつだろうか――答はいわずもがなであろうとばかりにその人は問うた。そこには何重もの揶揄、皮肉、侮辱が凝縮されていた。本章の筋と関わる点のみ次に挙げる。

この「企画」は、私たちに次のようなことを改めて思い知らせる。人は他者に対して身体的存在として現前する存在であること、どれほど能動的に活動しているときにも、そこに身体として存在している限り「見られる」というまったき受動性のうちにあるということ、相互作用は、たとえ言葉のやりとりであっても、単に言葉だけではなく身体を介したより複合的で全体的なやりとりであること、いずれも日常生活においてごく当たり前の、そして重要な事実である。

このことはまた、社会問題と呼ばれる現象に対して相互作用論的な視点をとってきた構築主義アプローチについて、そのある種の言語中心主義、すなわち相互作用としてのクレイム申し立てを、もっぱらとはいわないまでも大方言語的な過程として扱ってきたことに含まれている限定性をも浮かび上がらせる。そのアプローチは、ある事柄を社会問題として定義しようとする人びとの相互作用、「クレイム申し立て」活動に焦点を当て、それによって、「社会問題」が社会的認知を獲得しまさに問題とされていく過程、発展や変容を遂げていく過程などを描き出してきた。その過程でこのアプローチは、「社会問題言説」「社会問題の言語ゲーム」などに関心を寄せ、言説分析、レトリック分析を得意としてきた。急いで付け加えるなら、それはひとつの方法論上の選択であったのだが。広告業をなりわいとする彼の人の言はまた、基本的に言葉に頼って仕事をする者の、言葉へのナイーブなあるいは几帳面な傾倒とそのことへの無自覚を揶揄するものでもあった。文字通りの言葉が氾濫する現代である。そしてたしかにクレイム申し立てという実践において通常中心的な役割を果たすのは言葉であろう。しかし、現実は言葉の連なりだけから構成されるわけではない。社会問題をめぐる現実も然り。

右のエピソードは、言説分析的なアプローチでは問われない問題を提起している。言説分析にとって身体は言説の外部である。とはいえ、本章はここで、言葉だけでなく非言語的なクレイムにも目を向けるべきだなどと主張したいのではない。クレイム申し立ては、言葉を用いて行われているときも、言葉としてのみ発せられ受けとめられ反応されるわけではない、より複合的な実践である。先の「企画」が示すのはこのごく当たり前の事態であった。そしてこのことは、次のような事実としてもいいかえられよう。そもそもある活動が「言語的」であるということは、その活動が、語られている言葉に注意を最も集中すべき活動として成立しているということであり、そのことを成立させるのは、自らの言葉に優先的に注意を向けるよう求める実践者による受け手への働きかけであり、受け手のそれに応じた受けとりと反応に他ならない。ある活動の性格は、活動それ自体に備わっている特性ではなく、それが埋め込まれている相互作用過程における実践者・受け手双方の選択の効果ないし産物である。先に、ここでの主張は分析対象を非言語に拡大すべきということではない、と述べたのはこのような意味においてである。

ここでの関心は、人びとの相互作用であり、そのなかから提起されんとする社会問題である。相互作用論者、H・ブルーマーをはじめ後に構築主義と呼ばれるようになった立場によれば、「社会問題」は人びとのクレイム申し立て過程として研究でき、その過程は、具体的な内容がいかに多様であっても、基本的にはアクションの起こし手と受け手との間の相互作用である。クレイム申し立ては「つねに相互作用の一形式」なのである（Spector & Kitsuse 1977: 訳 123）。相互作用に焦点を当てそこでわれわれの行っていることをつぶさに問うていくことは、社会問題の生成、展開、変容や否定、さらには問題解決への過程といった現象を解明していく上で有効な視角となるだろう。

先の討論番組「企画」の話は、相互作用におけるこの選択の行使とそれがクレイム申し立てひいては「社会問題」の構成にもたらす効果について問題提起している、そのようなものとして受けとることができる。

このことを問うていくため、以下では、主にE・ゴフマンの共在論に依拠しながら、次のように議論を進めていきたい。まず、人と人とが共にいる場で、つまり身体の相互知覚によって成立する状況において、身体が状況の定義に対して常に過剰であることを示し、その過剰性を制御する無関連化規則を指摘する。その上で、無関連化規則がゴフマンのいう道徳の閾を超えずに侵犯される事態を、相互作用の一形式として捉え、その社会的効果、社会問題過程との関係について論じる。さらに、状況における無関連化規則をめぐるせめぎ合いを「線引きのポリティクス」としてとりだす。最後に、それが個別状況におけるミクロ・ポリティクスであると同時に、よりマクロな社会過程に結びつきさまざまな社会的効果をもたらしうることを示すことで、相互作用する身体に注目しこのポリティクスに焦点を当てることの社会学的な重要性を述べる。

2 相互作用と身体の現前

現代では通信技術により、距離を隔て、身体を外部に置いた相互作用の機会が拡大している。そこでは身体は「消失」しているともいわれる（Lyon 2001: 訳 30）。とはいえ、われわれは物理的に空間のうちに身体として存在しており、生身の身体とその「共在（co-presence）」が真に消失することは当面ありそうもない。身体の共在は生の基本条件である。

クレイム申し立ては、言語に特化したメディアで伝達することだけを想定して書かれたものを別にすれば、たいていの社会的行為同様、こうした相互作用過程において実践される。そこで人は身体的存在であり、どんなふるまいも身体によって現実化する。言葉はその一部分である。そして人は見られる。見られることから逃れられない。ただし、ここで「見る」「見られる」というのは比喩である。事実は、五感を通して感受する、される、である。目が見えなくても、人は他の感覚で、共にいる他者を感じとる。

われわれは相互作用において何をしているのか。このことを、ここでは最初に述べた問題意識に基づいて、ゴフマンの相互作用分析に改めて学びながら、身体に注目して考察していく。彼こそは、相互作用における身体の現前に特別の注意を払った、というより、それを社会学研究の主題として位置づけた人である。なおここで用いる「現前」は“presentation”の訳である。ゴフマンの鍵概念であり、「呈示」という訳語がほぼ定着している。「呈示」は意図的なニュアンスが強く、実際その意味合いで解釈されてきたように思われる。しかし“present”はもともとラテン語のpraesentで、to be beforeといった意味であり、「現前」という方がここで考えていきたい身体のありようをよりよく表し、またゴフマンの枠組みにもむしろ無理なく当てはまるように思われる。そこでここでは「現前」をあえて当てる。

ここで問うていく相互作用とは、空間における物理的な身体の共在とその相互知覚において生じていることである。ゴフマンの関心事はまさしくそれ、すなわち「複数の人が対面していることによって生じるさまざまな出来事の全体」（Goffman 1967: 1, 訳1）である。そこで相互作用は、「人びとが直接身体的に互いの面前にあるとき、それぞれの行為主体が与え合う相互的影響」（Goffman 1959: 26, 訳18）と大雑把に定義される。この相互作用の核にあるのは、空間における身体とその知覚である。そのことを彼は繰り返し強調する。例えば、『集まりの構造』（1963）では、情報の伝達媒体としての身体が議論の出発点である。そこで考察されるのは、「人びとが直接的、物理的に他者と場を共有する」集まりであり、集まりの空間的環境である「状況」である（Goffman 1963a: 8, 訳10）。「状況」は、視界の相互性により成立する（Goffman 1963a: 18, 訳20）。つまり、人が人と物理的に共にいる、互いにそれを知っている限り、そこにはすでに相互作用が成立している。

なお、こうした相互作用への視点はジンメルに遡りうる。彼は、相互作用は空間において展開するという自明のことから出発し、「同じ空間に彼がたんに感覚的に現にいること」（Simmel 1908: 訳下247）のもつ社会学的意義に注目した。相互作用の基礎には他者の知覚と感覚がある。感覚による知覚は、二方向に向かって展開し、二方向の共同作業が根本的な社会学的意義をもつ。すなわち、すべての感覚印象は、一方では「主体のなかへ主体の気分や感情として入りこみ」、他方で「客体に向かってはその認識として出てゆく」（Simmel 1908: 訳下 248）。われわれはまさに、「感覚において、感覚によって、感覚を通じてコミュニケートしている」（Synnott 1993: 訳 223）のである。[2] このようなルートイメージがゴフマンの相互作用のもとにあることをここで確認しておきたい。

以下では、このように相互作用を捉えた上で、そこでわれわれが身体的な存在として互いに行っていることを、ゴフマンに学びながら考察する。この課題は、現段階では漠然としていると思われるかもしれないが、ゴフマンの関心に連なるものであり、彼の相互作用分析に改めて学ぶことで、その社会学上の意義を示すことができるように思う。

3　身体の過剰性

ゴフマンによれば、身体的な活動は情報を社会的状況の全体に広める（Goffman 1963a: 37, 訳 41）。身体はひとつの記号体系であり、われわれは話はやめることができても、身体表現をやめることはできない（Goffman 1963a: 33, 35, 訳 38, 39）。身体として他者に対し現前していることは、即、相互作用していることである。

このことは、後年の『トークの形式』（1981）では、「話し手」「聞き手」という概念の不十分さとして述べられる。人は、会話のような相互作用においても、単に「話す」「聞く」ということだけを行っているのではない。まなざしを交わす、何かの身振りをする、顔の表情をうかがう、など、人はさまざまなことを行い、互いに知覚している（Goffman 1981: 129）。言葉にしても、人はその内容のみならず、というよりもむしろ声や息、いわば音の物質性、身体性（Barthes 1973: 125-126）を、意識するしないにかかわらず表現し感応する。同じ言葉も声、息の強弱、口調などの違いによってまったく異なる伝わり方をするだろう〈3〉。要するに、それ自体が身体の働きである感覚を駆使し、人は他者の身体からさまざまな情報を受けとり、それに身体で反応している。

なお、ゴフマン、ジンメル（Simmel 1908: 訳下 248）など、知覚に着目した論者がいずれも視覚に格別の重要性を認めていたことにここで留意しておきたい。ゴフマンの視覚重視は、状況を視界の相互性によって定義していることからも明らかである。彼は、話し手と聞き手とは互いを見る（watch）（原文イタリック）立場にある人びとであるともいう（Goffman 1981: 130）。視覚重視は、歴史的には、古代ギリシャにまで遡り、また、コミュニケーション技術の発達によりいっそう促進されたともいわれる（Synnott 1993）。日常生活でも、視覚の重要性はシンボリックにさまざまに表現される。百聞は一見にしかず、お目にかかる、I see（わかった）など。基本には、人間の目が優れた感覚器官である（Dufrenne 1991）という事実があろう。以下の考察でも、視覚の作用に言及することが多くなるであろうが、先にも触れたように、念頭においているのはあくまで感覚全体であることを強調して記しておきたい。なお、このように視覚重視が確認されると、視覚障害についてどのように考えるのかという疑問がわく。この問題を無視することはできないが、ここではそれに深く立ち入ることができない。ジンメルに、目の社会学的意義と「盲人」の社会学的意義に関する考察があることを付け加えておきたい（Simmel 1908: 訳下 252）。

いずれにせよ、こうしてゴフマンの概念化する相互作用は、"face-to-face" 以上に "body-to-body" “seen-seer to seen-seer”の絡み合い（intertwining）といえる（Crossley 1995: 145）。私たちは全感覚で互いを感受している。

以上のように相互作用を捉えるとき、相互作用を媒介する情報について固有の見地が得られる。すなわち、第一に、発信者側の発する情報とは、受け手の感覚による知覚に対応するものであるということ、またしかし第二に、そこで発信されている情報は常に、受信者の知覚可能性を超えているということである。以下、詳しく見ていきたい。

相互作用を媒介する情報をゴフマンは二つに分ける。ギブン情報（information given）、つまり意図的に発信された情報と、ギブンオフ情報（information given off）、つまり意図によらない情報である。発信者にとって情報の「意図的に制御可能な部分と制御不可能な部分」（安川 1991: 45）ともいわれる。

この区分は、直感的には納得しやすいように思え、単純なようでいて、よく考えてみると実は大変込み入っている。発信者の観点からは、自分の意図的に発信した情報のみならず、意図しない情報がいかに送受信されているかを知ることはできない。意図的に発信した情報が意図通りに伝わったかさえも実のところわからない。そもそも発信者は厳密な意味で、意図の有無にかかわらず自分の発する情報を他者がそれを知覚するように受けとることができない。まったく当たり前のこととしてそこにいる自分の姿、表情を自分では見ることができないので、自分がいったい今どんな顔を相手に向けて話しているのかわからない。「顔にかいてある」などとよくいわれるように、その顔から相手は多くを読みとりうるというのに。ちなみに、G・H・ミードにいわせれば、これこそが相互作用において言語的なものと非言語的なものを分かつ重要な特性である。人は自分の発した言葉を受けとることはできるが、その表情を他者が見るように見ることができない（Mead 1934）。ここまでをまとめれば、発信者は、自らがその現前によって発している（と他者に知覚されている）情報からいわば疎外されている。

他方、受信者は多くのことを感受するが、大前提に、発信された情報を余さず受けとることはそもそも不可能、という厳然たる事実がある。受信情報のうちにはギブンオフ情報が大量に含まれるが、ギブン情報が的確に受けとられるとも限らない。というよりも、受信者がこれら、すなわち、受けとったもののうちどの部分が発信者にとって意図的に発信したもので、どの部分がそうでないかを正確に判別することは原理的に困難である。通常、経験的に言葉の多くはギブン情報と見なされるが、発話それ自体、先にも触れたように意図を超えた身体性、例えば声の調子（うわずっているとか妙に力が入っているとか）、息の強さ、といったものを含み、その情報としての厚みが判別を複雑にする。

以上から見えてくること、それは、簡潔にいえば、相互作用過程における、発信者、受信者両方にとっての情報の過剰、という事態である。発信者にとって、自ら発している情報の多くは、自身の意図、管理、さらには自覚の埒外にある。他方、受信者にとっては、発信者の身体が発する情報は、受信可能性をはるかに超え、また、ギブン情報かギブンオフ情報かという二類型の判別可能性をも常に超えている。相互作用を媒介する身体の情報は、発信者、受信者、つまりそこにいるすべての者にとって、常に過剰なのである。私たちはそれぞれそのごく一部をいわば頼りに相互作用を営んでいる。

4　状況と無関連化規則

相互作用における身体の過剰性は、状況と相互作用が当事者にとって意味のあるもの、対処可能なものとして経験されるためにいわば縮減——ゴフマンの用語でいえばフレイミング——される必要がある。つまり過剰なものをより多く利用できればよい、といった話ではない。情報のある一部が注意の焦点となり、他は無視されることによって、状況は一定の意味のあるものとして経験される。このことについて、ゴフマンはいくつかのアプローチを試みている[4]。ここでは、状況の参加者のふるまい方に照準を合わせたものとして、関与（involvement）と非注意（inattention）に関する議論をとりあげる。本章の関心に則してその議論を先に要約すれば、次のようにいえる。身体の過剰性は、関与と非注意に関する規則を通じて、かろうじてというべきか、ある程度まで制御される。

関与に関する規則

通常の状況において人は、そこで行っていることが何であるかをはっきりと示すギブン情報を発信する。これによって、「ここで起こっていることは何か」（Goffman 1974）について一定の定義が成り立つ。どういうことか、これだけではよくわからないかもしれない。人が朝出会った人に「おはよう」と声をかける。これは意図的に発信される。相手も同じことをする。そのときここに「挨拶が交わされている」という状況が成立する。ごく当たり前のことであり、それが何か、と思われるかもしれないが、重要なので話を続ける。このこと、すなわち「ここで起こっていることは何か」をそこにいる人びとがいかに支えているか、についてゴフマンは考察する。その際に用いられるのは、「関与」という概念である。

関与とは、「ある個人がある行為——ひとりでする仕事、会話、共同作業など——をするのに調和のとれた注意を払ったり、あるいは払うのを差し控えたりする能力」のことであり、それによって「行為者の目的あるいは意図が表現される」(Goffman 1963a: 43, 訳 48)。それは内面の問題だが外的に表現される (Goffman 1963a: 37, 訳 41)。

通常、私たちはいくつかのことに同時に関与することができる。自分は一度にひとつのことしかできない、と思っている人でも、たいていは同時にいろいろなことができる。勉強しながら音楽を聴いたり、音楽を聴きながら勉強したり、お菓子を食べながらゲームをしたり、歩きながら人と話をすることもできる。しかし、そうした高度な能力と幅広い可能性に対して、社会には通常、関与とその配分に関する規則がある。例えば、仕事中は仕事に専念すべきである、とか、授業中は静かに、とか。どれかひとつに集中せよ、とか、あちらではなくこちらにもっと注意せよなど。人間と動物には主要関与と副次的関与を区別する能力がある、とゴフマンはいう。前者は、個人の注意や関心の大部分を奪うもの、後者は前者を維持しながら並行して続けられるものである。例えば会議で議論に集中(主要関与)しながらお茶を飲む(副次的関与)など。ゴフマンは、さらに支配的関与と従属的関与を区別する。前者は個人に要求されているもの、後者はある程度だけ許されているものである (Goffman 1963a: 43-44, 訳 48-49)[5]。会議で議論に加わることは規則の要求にかなっているが、お茶を飲むことだけに専念していてはいけない。これらの関与は適切に配分されなければならない。

個人が保つ主要関与は、その個人がそこにいるはっきりとした目的を表現する（Goffman 1963a: 51, 訳56）。私はこの部屋に、話し合いのためにいるのであってお茶を飲むためにいるのではない。このことは翻って、ある人の関与の適切な配分とその表現は、居合わせる他者に対して、その人の発する情報のうち何に優先的に注意を払うべきかを指示している、ということを意味する。人は、他の人の主要関与の表現に優先的に注意を払う必要がある。会議では互いの発言に耳を傾けるべきであってお茶の飲み方に注意するべきではない。しかし、優先事項以外の情報を単に無視するのでもない。例えば、副次的関与のありようは、相手が主要に関与すべき事柄に適切に関与しているかを示す重要な情報であり、人はそれらにも関与する。あの人はお茶ばかり飲んでいて、議論の中身に関心を失っているようだ、など。

こうした関与の複層性とその配分に関する規則は、人間の高性能な注意力と身体の表現力を前提とし、その上でそれを制御するものである。人は同時に多くのことに関与できるし実際に関与する。人は会議中、発言者の言葉に耳を傾けその内容を受けとりつつ声の調子や顔の表情、仕種に注意し、同時に手元でメモをとりながら、お茶を飲むことができ、なおかつ第一番目のことに最優先で関与すべきであるとの規則を知っており、通常まじめに会議に出ている人であればそれに従う。

関与の優先順位と配分の適切性は、状況の定義に基づいて定まるが、他方で状況の定義は、そこにいる参加者によってなされる関与の適切性にその維持を依存する。このような循環的関係がそこには認められる。ある状況が会議として定義されると、主要関与のあり方（話し合いにしっかりと関与すること）が定まるが、参加者たちが適切な関与を行わなければ（話し合いに関心をもたず、皆お茶を飲んでばかりいる）、状況の定義そのものが維持できなくなる可能性があり、会議は成り立たない。お茶を飲む会になってしまう。

出会いの境界と諸規則

同様のことは、出会い〈6〉における秩序ないし状況の定義に関わる諸規則として検討されている（Goffman 1961b）。出会いにおける諸規則もまた、相互作用における身体の過剰性に対処することに関わる規則として理解することができる。

そこではゴフマンは、「状況の定義はどのようなパースペクティブを排除するか」（Goffman 1961b: 19, 訳 6）という問いを立て、「無関連の規則（rules of irrelevance）」と呼ぶものを析出する。

> どんな出会いにも、注意を払われない、局所的に発生する音とかまた局所的に遂行される身体の動きがあるが、それらは無意識的にせよ故意にせよ、無関連の規則によってそのリアリティから締め出される。（Goffman 1961b: 26, 訳 17）

無関連の規則とは、「参加者に何に注意を向けてはいけないかを告げる禁止的ルール」（Goffman 1961b: 31, 訳 23）である。この規則によって、われわれは知覚可能であっても注意を向けてはならないものを無視するよう規制されている。

他方で逆に、ゴフマンは、注意を向けるべき事柄に目を転じる。それは「具現化されるリソース（realized resources）」と表現される。それは手近にある材料からつくられ出会いのなかに持ち込まれその世界の構成に寄与するもの、「同所的に具現化される出来事と役割」(Goffman 1961b: 27, 訳 18)のことである。あらゆる出会いにおいて、何ごとかが具現化しているとき、同時に、具現化されていない事柄が進行中の出会いの外部に置かれる。例えば、会議という状況で人は、「会議の出席者」として具現化しており、私生活における家族の一員であることや身体の諸特徴などは外部に置かれる。しかし外部にあるものは、そこで具現化している「会議の出席者」を支える基礎をなし、出会いの外部では継続的な重要性を保っている(Goffman 1961b: 27, 訳 18)。そうした基礎は、出会いの境界を通過する際に「変形規則」によって、その出会いに合うように変形されるのである。

ゴフマンにいわせれば、出会いの境界はスクリーンのようなものである。そこを通過するものは出会いのリアリティに合うように変形され、具現化される。当面のリアリティにとって必要のないものは、たとえ実際には知覚されていたとしても、規則により境界の外部に締め出される[7]。出会いにおけるこれらの規則も、関与の規則と同様、状況の定義と循環的関係にある。

以上、相互作用における身体の過剰性に対して、それを制御する関与と非注意、出会いの諸規則を見てきた。これらの諸規則は、いずれも相互作用において現前する身体の情報の過剰性に対して、参加者の関与、注意を制御するように働くものである。そこでこれらをまとめて「無関連化規則」と呼ぶことにする。見てきたように、諸規則には、情報を無関連化する方向、逆に何にいかに注意を向けるかという方向、両方が含まれており、ここで後者を切り捨てる意図はない。ここで無関連化規則と呼ぶものは、より厳密には、無関連化/関連化規則である。そして、繰り返しになるが、状況の定義とこの無関連化規則は循環関係にあり、状況の定義は、一方では、この規則に従う人びとの適切なふるまいを指示するが、他方では、人びとの規則適合的なふるまいこそが状況の定義を維持する。

5　無関連化規則の侵犯とその道徳的閾

無関連化規則とその侵犯

どんな規則も常に遵守されるとは限らない。規則とは破られるものである。次に無関連化規則が侵犯される事態に目を向ける。身体の全体性は状況のリアリティにとって常に過剰であり、しかし身体を状況の外部に物理的に締め出すことは定義上、事実上できない。身体の現前と感覚の鋭敏さによって、私たちは無関連化規則の侵犯へと常に誘われているといえる。

状況の定義と無関連化規則の循環関係を認めるなら、規則の侵犯は状況の定義を脅かすことになる。しかし侵犯は状況の定義を直ちに崩すわけではない。また、侵犯のふるまいは直ちに逸脱の咎を負うわけでもない。規則の侵犯、即状況の定義の崩壊、即逸脱（者）ラベリング、という図式はあまりに短絡的である。むしろしばしば、規則が侵犯されても、状況の定義は維持され、侵犯者は規則違反者、逸脱者として非難されることも制裁を受けることもない、ということがある。

侵犯には程度がある。程度の差は重要である。状況の定義を全面的に崩壊させる場合もあれば、特段の影響を与えない場合もある。そのふるまいは逸脱として非難の対象となる場合もあれば、問題視されない場合もある。多くの侵犯は、後者の範囲内で行われうる。一方には、当事者側の、侵犯のスタイルとテクニック、あるいはアートがあり、侵犯を非難すべき事件であると感じさせない巧みさが発揮される。他方には、状況の側の性質として、状況の秩序、定義の高い柔軟性と弾力性、耐久性あるいは堅固さがある。状況は多少攪乱されても揺るがない。あるいは多少揺らいでももとにもどる、いわばレジリエンスを備えている。ここで注目したいのは、状況に重大な影響を与えずに行われる侵犯である。まず事例から検討する。

『トークの形式』(1981)で、ゴフマンは、かつてのアメリカ大統領ニクソンのふるまいを報じた新聞記事(1973)をとりあげている。その記事は、ニクソンが、法案の署名に際して集まったジャーナリストの一人、UPIのヘレン・トマスに対して、彼女の服装にコメントしその場でくるりと回ってみせるようにいったことと、トマスがいわれた通りにしてみせたことを伝えたものである(Goffman 1981: 124)。この出来事は、ゴフマンは、この出来事を、相互作用過程で起こる参加者の立場(footing)[8]の変化として考察する。この出来事は、大統領の権力や性差別の問題だと通常は捉えられるかもしれないが、それよりも重要な問題を含んでいる、とゴフマンはいう。それは、現代社会で女性は外見にコメントされ、一瞬にして参加者でなく、あるいはそうであるだけでなく、注意の対象にされる、そのことに備えていなければならないということである(Goffman 1981: 125)。しかしゴフマンのこのコメントは、この事例から彼が論じようとした問題に則していえば、やや不十分である。このエピソードを権力や性差別、ジェンダーの問題としてのみ捉えると、彼の提起している問題を捉え損なうことになる。

ここで提起されているのは、相互作用に見られる一般的な形式の問題である。より具体的にいえば、進行中の状況においてある立場に別の立場が束の間埋め込まれ演じられるという事態である。ゴフマンによれば、トマスは、ジャーナリストという立場のうちに、外見にコメントされる若い女性という立場を括弧つきで入れたのである。このようにある状況において参加者がその立場を変化させる／させられることは、一般的によくあることだ。

状況の参加者の立場は、決して固定されたものではなく、変化に対して開かれている。では、その変化を招来するものは何か。それは、身体の現前への関与と注意のあり方である。トマスの立場は、ニクソンから向けられたまなざし、放たれた一言によって一瞬にして変化した。本章の文脈に則していえば、これは、無関連化規則を侵犯するひとつの典型的な形式として捉えることができる。トマスは一ジャーナリストとしてその場にいた。しかし、ニクソンはその一言で、彼女を「若い女性」に変えた。ニクソンのトマスへの言及は、当座の状況で、無関連化規則によって外部に排除されていなければならないはずの身体への不適切な関与・注意という、規則違反である。しかもそのふるまいは、状況の定義それ自体を揺るがすものではない。こうしたことは日常しばしば観察される形式である。

侵犯の道徳的閾

以上、ゴフマンのとりあげた事例を題材に、状況の定義全体を脅かさない無関連化規則の侵犯、その日常的な形式をとりだした。ここで確認しておかなければならないことは、状況の定義を維持すること、無関連化規則に従うこと、つまり「状況適合性」（Goffman 1963a: 24, 訳 27）は、道徳的な要請と考えられることである。ゴフマンによれば、相互作用の秩序は道徳秩序である。実際、会議中、議論に優先的に関与することは道徳的に期待されており、他のことに気をとられるのは端的に望ましくない。

ニクソンの場合のような無関連化規則違反は、状況の定義全体を脅かすものならば、道徳的非難の対象となろうが、しかし実際には状況の定義を脅かすものでなく、その限りではいわば許容範囲のものであった。侵犯には道徳的な閾があり、人は、状況の定義、秩序の柔軟性、弾力性あるいは堅固さをいわば当てにして、規則を巧みに侵犯することができるのである。当時、ニクソンのふるまいは、たとえトマスを個人的に困惑させたとしても、状況全体を脅かさない限りで道徳的に問題とならず、むしろ次にはトマスの側がどう対応するかによって道徳的に問われることとなる。たとえニクソンの言動を不快に感じたとしても、それをそのまま表現すれば、状況の円滑な進行を妨げる可能性があり、彼女の方が批判されたり不興を買ったりしかねない。それを避けるために彼女にできることは、実際そうであったように、起こったことをむしろ気軽な調子で受け流すことであった。ゴフマンが円滑な相互作用に必要な能力と認める「機転」と「如才のなさ」がここで必要となる。なお、付け加えておくならば、現代社会では、政治家のこのようなふるまいはもっと問題となるであろうし、実際、問題である。公的な場で性別や性にまつわる身体的・外見的特徴は無関連化されなければならないという規範がより強く明確にされているためである。

人はさまざまな事情で、無関連化規則を侵犯する。実際、人はしばしば主要・支配的関与を求められている事柄から注意を逸らす。それは、意図的にも非意図的にもなされうる。積極的に他のことに注意を移すこともできるし、消極的に注意が維持できない、例えば注意散漫になってしまうこともあるだろう。

ゴフマンは、状況において身体への注意が不適切にも誘発されてしまう場合について特筆している。そのひとつは、人が状況にふさわしい感情状態を外から見て保持できなくなり、その場に合わない感情を目に見える形で出してしまう場合である（Goffman 1961b: 50, 訳 52）。これは「あふれ出し」と呼ばれ、それ自体、ゴフマンの定義によれば、人が不関与を装ってきた事柄に対して堪えきれず無視を装えなくなったときに適切な外見を保持できなくなってしまうという状態を指す（Goffman 1961b: 50, 訳 52）。相手の見た目の可笑しさについ笑い出してしまうなどがその例である。つまり、一方の者の、無関連化規則の侵犯ゆえの外見の不適切さがあり、それに対して他方の者が重ねて不適切な注意を向けてしまう、という侵犯の連鎖がこれである。このようなことが起こると、状況の定義は少なくとも一時的に揺らいでしまう。

このような事態への人びとの反応として、ゴフマンは二つの方法を挙げる。ひとつは、知覚回避の努力（effortful non-perception）。無関連化されるべき情報を無視しようとすること、困惑すべきことは起こらなかったという体裁を保持することである。もうひとつは、あふれ出した人を「もはやひとりの参加者としては扱わず、単なる注意の焦点として扱う」（原文イタリック）（Goffman 1961b: 53, 訳 55）ことである。このとき、人は参加者としての立場を変えられ、単なる見られる対象と化す。前者は、いわば無関連化規則への無理な回帰努力であり、後者は、一参加者の立場を変える、いわば一人を犠牲にして全体を救うという方策である。

ある種の可視性（visibility）、知覚の容易さ（perceptibility）、瞭然性（evidentness）の高いスティグマ（Goffman 1963b: 48, 訳 89）や、際立った身体ないし外見（服装も含む）、状況に適合的でないふるまい（「あふれ出し」はこの一種である）も注意を誘発する。外見のとても美しい人や特徴のある人は文字通り人目をひいてしまうのである。さらには、ある種の身体に対しては、通常の無関連化規則がそもそも適用されないという、規則の差別的な運用がなされうる。人はある種の人びとに対しては、道徳的不安を感じることなく無遠慮なまなざしを向けることがある。失礼を平気でする。

こうした規則の侵犯はしばしば公に表現される。ニクソンは公衆の面前でトマスの外見について言及し、それによって、居合わせた人びとの注意も彼女の身体に向けられることとなり、彼女の立場はまさに「見られる対象」と化した。それから四十余年の現代、ヒラリー・クリントンは男性記者らから顔のしわや「甲高い」「耳障りな」声に言及され、公的な辱めを受けている、とダウドは書く（Dowd 2008.2.13）。それらの言及は、ニクソンの一言がトマスの立場をジャーナリストから性的な女性へと変えたように、ヒラリーの立場を、第一級の政治家から容姿に言及される中年女性へと貶める。

進行中の相互作用において、人は、刻々と立場を変えうると同時に変えられうる。私たちにはいずれにも機敏に応じる能力がある。人は、一方で無関連化規則を巧みに侵犯することにより、他者の立場を揺るがすことができる。他方で、そのような扱いを受けた者は、この事態にうまく対応する必要に迫られる。後者にとってこの過程は、中立的ではなく、しばしば不意打ちである。語る者は、聞かれることを求めるのであり、無関連化規則によって外部に締め出されているはずの身体に注目され言及され、その立場を変えられることなど求めてはいない。それは、言及が否定的でも肯定的でも基本的には同じである。懸命に自分の考えを説明しているときに、「そのスーツよく似合っていますね」とか「声がすてき」などとコメントされて満足する人がいるだろうか。そのことが明らかであるからこそまた、聞くことを求められているときに見ること、そしてそれを表現すること、状況全体に影響を与えないという道徳的閾を超えずに注意を相手の言葉から他へと意図的に移すことは、クレイムに対するカウンタークレイムの技法となりうる。注意を「話し手」から明らかに外すこと（そっぽを向くなど）は、明白な関与規則違反であり、端的に失礼なふるまいであって「聞き手」の道徳的立場は弱い。それに対して、注意を、「話し手」その人の上に留めつつ他の情報に向けることは、状況はそのままに、「話し手」に対してはその立場にいわばピンポイントで影響を与え、さらに相手を、その対応を間違えれば逆に道徳的非難が向けられるような立場に立たせる。きわめて巧妙な影響力あるふるまいである。

カウンタークレイムとはクレイムに反論することだけではない。注意をクレイムの内容からクレイマントその人へと逸らし、クレイマントの立場を別のものへ、場合によっては単に見られる対象へと変えてしまうこと、それによって、クレイマントの自認する立場を切り崩し、より扱いやすい、見下すことのできる立場に変えること。このようにして、クレイマントの言語的な努力は、空しくも皮肉られ貶められうる。このような技法に比べれば、言葉による、言葉の内容に対する理詰めの反論などは、むしろ誠実といえるだろう。

「見ることは或る種の力の行使である」（Dufrenne 1991: 訳 45）。人びとが共にいるとき、その場での関与と不関与、注意と非注意は力の行使である。

力の行使と立場をめぐる攻防

では、以上のような無関連化規則を侵犯しうる力、他者の立場を揺さぶる力はどこに由来するのであろうか。こうした問いは奇妙に聞こえるかもしれないが、事例に則していえば、ニクソンとトマスではこの力は明らかに非対称である。ニクソンがトマスに対してしたことを逆にトマスがニクソンにすることは常識的に考えて難しい。ゴフマン流にいえば、状況には儀礼秩序があり、上位者には許される規則侵犯も下位の者には許されない。この非対称は何に由来するのか。

これまでの考察を踏まえるならば、ここでニクソンが大統領であることや男性であることが彼に規則侵犯の力や資格を与えている、と単純に考えてはならない。社会的地位（大統領であること、男であること、年上であることなど）は、個々の状況における参加者の立場や関係をその外部から規定しているわけではない。むしろそれらはまさしく、その状況においてこそ具現化している立場なのである。例えば、上司と部下というわかりやすい立場・上下関係も、部下が上司に、その服でくるっと回ってみてくださいよ、という一言、そしてその身体へのまなざしで、一転して、見られる女性と見る男性という立場・関係に変えられてしまいうる。

要するに、状況における立場が、そこに在る身体の全体性をリソースとして、いかに編成され、いかに変えられるか、その攻防が問題なのである。そしてそれは、無関連化規則をいかに巧みに如才なく侵犯するか、であり、状況全体の定義に重大な影響を与えるという道徳的な問題を引き起こすことなく、そこにいる者の立場をいかに揺るがすか、である。一見権力と性差別の問題として見えることは、より一般的な形式の現れ方のひとつ、立場をめぐる攻防の効果として見ることができる。

付け加えるなら、その点で、制服など、狭く一義的に意味の規定された服装に身を包むことは、立場を明確に表示し、その流動化を防御ないし制限する、あるいはまた人をある立場に固定し縛り付ける、ある程度効果的な装置である。警官や駅員の制服、医者の白衣、学校生徒の制服……。制服に限らず、立場にふさわしい服、例えばビジネスマンのスーツなども同様である。逆にいえば、立場と不整合な印象を与える身体・服装は、それをまのあたりにした者の注意を攪乱し、その人にいったいどう対応してよいかについて混乱させる。例えば、学校教師が派手な衣装で三者面談に現れる、学会で研究者が鍛え上げられた身体を露出度の高い服で誇示している、役所の窓口担当者がヒップホップのファッションに身を包みラップで応対する、など。そうした身体はそれ自体、状況の定義や秩序に対する批評あるいはクレイム申し立てになりうるかもしれないし、自分自身の立場への「役割距離」(Goffman 1961b: 73, 訳83)の表明にもなりうるかもしれないが、周りの者としては、違和感を禁じえず、場合によっては、まじめにやれ、といいたくなろう。

6　線引きのポリティクス

相互作用において私たちは何をしているのか。はじめの問いに立ちもどって暫定的なまとめを示したい。身体は状況のリアリティにとって常に過剰であり、その過剰性は無関連化規則によってある程度まで制御される。それにより状況の意味ある定義が可能となる。状況の定義と規則適合的なふるまいは循環関係にある。しかし、身体の現前と感覚の鋭敏な働きのため、人は規則の侵犯へと常に誘われている。

当面の状況の定義を維持することは道徳的な要請だが、人は道徳的閾を超えずに規則を侵犯しうる。人は、他者の求める注意に応じず、その立場に揺さぶりをかけうる。クレイマントに対して、その言葉よりも身体の他の情報に注意を向け、彼/彼女の努力を空しいものとし、その立場を貶めることもできる。とりわけ鋭敏である目、見ることは力を発揮する。またそうした私たちの感覚ゆえにこそ、無関連化規則は尊重されなければならないのである。

さて、過剰な身体の情報のうち何が関連あるもので、何が無関連化されていなければならないかについては、状況によって異なり、また進行中の相互作用を通じて刻々と変化しうる。実際、トマスでなくても多くの女性は、性別が無関連であると思っていた状況で、不意に女性という立場に立たされるという経験をしたことがあろう〈9〉。

あらゆる状況には、無関連化されるべきものと関連するものとを分かつ境界線があり、その線引きをめぐるせめぎ合いがありうる。これを、無関連化規則をめぐる相互作用の一形式としてとりだすことができる。このことは身体の現前に限らず、さまざまな「具現化する（しうる）リソース」について考えることができる。これを仮に「線引きのポリティクス」と呼ぶことにしよう。この線引きそれ自体はネガティブ、ポジティブどちらでもなく、意味ある状況の成立のため不可欠だが、これをあえてポリティクスと呼ぶのは、それが個々の相互作用においていかに行われ、いかなる効果を生じるかによって、ネガティブ、ポジティブなもののどちらにもなりえ、状況を支配しうるからだ。それは、一方では、例えば冒頭の「企画」エピソードやヒラリー・クリントンの例で見たように、真摯にふるまう者を揶揄しその立場を揺さぶり貶める。直接ターゲットとされた者は、困惑させられる、傷つけられる、侮辱されるといった経験をするであろうし、居合わせた者も人によっては恥ずかしさや怒りを感じるかもしれない。ヒラリーについて書くダウドがその状況にうんざりしていたように。他方で、同じポリティクスは、状況において無視されてきた情報にあえて目を向けるという意味で、皆で見えないふりをしてきたことをはっきりと明るみに出す、つまりいわば硬直した状況を活性化させる、蔑ろにされてきた者に新たな立場を与える、といったプラスの変化をもたらすかもしれない。

さらに、無関連化規則の適用自体も一様ではない。無関連化規則が厳格に適用され遵守される状況もあれば、そうでない状況もある。規則により尊重される立場もあれば、そうでない立場もある。より聞かれる立場もあれば、より見られる立場もあることも事実であろう。例えば、一般に、女性（という立場）は男性（という立場）より見られる（Berger 1972等）。子どもや目につきやすいスティグマをもつ者、際立った特徴のある身体は、より見られる。美しい人もより見られる。マイケル・ジャクソンは際立った外見のため、音楽や才能よりも顔の整形や肌の白さのことばかりがゴシップの種にされた。こうした立場におかれる人びとにとっては、自身の身体としての現前そのものが苦痛や当惑のもととさえ感じられることもあるだろう。それは傍らにいる者をも困惑させうる。こうしたことは典型的には、差別と呼びうる現象として現れるであろう。

線引きのポリティクスは、個別の状況における相互作用において刻々と実践される点では、さしあたりミクロ・ポリティクスと呼べるかもしれない。しかし、そのことは、これが個々の状況で完結していることを決して意味しない。最初に確認しておいたように、社会問題の盛衰や解決法の制度化のような、より大きな過程も相互作用として見ることができるというのが本章の立場である。例えば、職場の相互作用において、被雇用者という立場にある者が、家族の一員としての顔を積極的に見せることや、個人的な気分や体調について表現することは、一般にあまり望ましくないとされている向きもあるが、しかし育児や介護のための制度の重要性、機械ではない生身の身体に対応しうる柔軟な雇用・就業制度の必要性を、雇用者や共に働く人びとに対してより強く認識させるであろう。職場におけるセクシュアル・

ハラスメントもまた、個別の状況と職場環境、制度を横断する問題である。職場において共に働く者を性的身体として扱うことは、働く場であるという状況の定義内での、無関連化規則の重大な侵犯、身体への不適切な関与であり蹂躙に他ならない。このようなふるまいは無関連化規則が明示化・制度化されることによって、被害者の側からようやく少しずつ問題化できるようになってきた。だが、その告発はそれ自体としても、問題となる相互作用が当該状況の外部からは見えにくいことや、被害者を改めて性的な身体として現前させてしまうことなどによって、クレイマントを困難な立場に立たせてしまう。線引きのポリティクスは、状況のミクロ・ポリティクスであると同時に、個々の状況を超えて集団、組織、制度、慣習などといったより広い文脈に結びついている。

さらにマクロに視点を引いて見るならば、無関連化規則には歴史的な文脈がある。例えば官僚制の非人格性とは、近代の無関連化規則のあり方といえよう。官僚制のもとでは、人は人と個人的な好悪の感情や関係性を抜きにしてやりとりしなくてはいけない。生身の相手を現に目の前にしてそうできることはある種、洗練された、あるいはこういってよければ身体性を抑圧した不自然な技術であろう。また、ジンメルは、二〇世紀初頭の大都市における交流を「他者の語るを聞くことにたいする他者を見ることの測りがたい優越」と特徴づけた（Simmel 1908: 訳下 252）。このことは現代の都市生活にも当てはまる。われわれは、他者を見ると同時に、翻って自分自身の身体の外見にも「見られるもの」として気を配り、またそう煽られる。それがときには病的な域に達することさえある。同時にまた、これもジンメル（1903）が指摘するように、人口の密集する大都市では日々出会う他者に逐一注意を向けることは感覚的に過重であり、無理がある。そこで人びとのうちに倦怠や冷淡、無関心といった反応傾向が、自己保存的な適応として生じる。個人にとって日々目にする多くの人びとは、見る対象としてさえ際立つことなく、単なる風景の一部と化す。これは、ゴフマンのいう儀礼的な非注意とはまた異なるものであろう。この極には、他者に対して最低限の注意さえ払わない、いわばそこにいる他者の身体がまるごと無関連化されてしまう、比喩的にも事実としても、「人を人とも思わない」（薄井 1991：158）ふるまいが生じるであろう。こうして私たちは、現代において人間が互いにいかなる存在へと切り詰められているのか、について考えることができる。

7　身体相互作用の豊かさへ

動物であり身体をもって共在している私たちは、無関連化規則がいかに作用しようとも、共にいる他者の身体の現前を鋭敏な感覚によって知覚し、注意を向け身体的に反応せずにはいられないように思われる。私たちの身体はまた他者の感覚にさらされているだけではなく、いかなる状況のいかなる瞬間にも不慮の事故などで偶発的に傷ついたり、不調に陥ったりする危険がある。したがって、互いの「身体に持続的に注意を払うこと」はまさしく「生きることの恒常的なひとつの条件」（Goffman 1967：175，訳181）である。

私たちには、共在する他者の、状況における立場にとって無関連でないものだけに注目しその他をまったく無視する、ということは本当にはできない。見ていない、聞いていない、感じていないことにしているにすぎない。私たちは、状況の定義とそのなかで具現化される互いの立場を尊重しつつも、常に潜在的にその立場を変えうるような情報をさまざまな感覚で感受し、他の立場の萌芽や痕跡、徴を感じとっている。ある状況、ある時点の立場はひとつの薄い表層のようなものである。その意味では、私たちの立場の一つひとつは不安定で脆弱なものかもしれないが、同時に一個の存在としての私たちは豊かで複雑な厚みと奥行きをもつものとして現前し経験されうる。

そのことは、一方では、ここで見てきたように、人を場合によっては貶め、その尊厳をも奪いうる。[10]しかし、他方で、同じことが私たちの他者経験と共在とを限りなく豊かなものにもしうる。単なる立場に決して還元されることのない一個の生身の存在、そうした他者への感覚と感受性があればこそ、私たちは、他者を単に状況における立場としてしか見ないことを「表面的」「一面的」と批判の意を込めて呼び、他者をそれ以上の存在、私の感受可能性をはるかに超える存在として受けとるのである。他者が「たんに感覚的に現にいること」、その身体の過剰性が、状況の内部と外部を分かつ線を超えてまさに現前していること、そのことは、ジンメルのいう感覚の二方向の展開により、私たちのうちにさまざまな感情を引き起こす。そこから私たちが感受しうるものの限りない豊かさとその一回性は、私たちに他者と共に社会的状況に参加することの深い喜びをもたらす。

身体への社会学的アプローチは、これまでのところ二つの大きなとりくみとして展開していると、後藤吉彦は整理している。ひとつは、身体の被制約性、すなわち人間の身体が社会によって条件付けや規定を受けていることに力点をおいた研究。もうひとつは、反‐社会決定論としての身体論、人間の能動性を身体に見出そうとする研究である（後藤 2007: 43–51）。受動性と能動性、被制約性と超制約性、たしかにこれらは、身体のあり方について対極的な視点からそれぞれ光を当てるであろう。だが、その両視点の間にはなお、身体として在る私たちが他者たちとの日々の相互作用において、互いの身体に対して身体をもっていったい何をしているのか、そこで起こっていることを私たちの現実としていかにすくい上げていくか、という問いによって探索されるべき領野が広がっているのではないだろうか〈11〉。

注

〈1〉「クレイム申し立て」は本章では、何らかの事柄を問題化しようとする日常的な実践という意味で広く捉えておく。

〈2〉このことを人と人との関係の基盤として改めて捉え直していくことは重要であると思う。この問題については『〈脱・恋愛〉論』（2011）でもとりあげ、恋愛を改めてこの基礎と結びつけて考えてみた。

〈3〉現代の私たちは声の身体性について、それを感じつつも意識することが少なくなっているのではないか。このこととその社会的な影響について、能楽師山村庸子は「日本の声が危ない」として問いかけている。「息が弱くなっている」ことが人と人とのつながりを希薄にしている、と（山村 2010）。

〈4〉『フレイム分析』（1974）では「そこで起こっていることは何か」を経験可能にする「フレイム」が考察される。

〈5〉さらに自発的関与と責務的関与、過剰関与、非関与などが区別される。

〈6〉ここでいう出会いとは、ひとつのリアルな世界、「焦点の定まった相互作用」である（Goffman 1963a: 17, 訳 4）。

〈7〉こうしたことはジンメルがすでに社交性の考察で論じていたことである。すなわち、社交の場が成り立つために、そこからさまざまなもの、例えば、各人の家庭の事情や悩みごとなどが排除されなければならない

(Simmel 1917＝1979: 訳 75-76)。

〈8〉 "footing" には定訳がない。ここでは、G・スミスの簡潔ないいかえ、"the basis" (Smith 2005: 64) を念頭に、「立場」と訳しておく。

〈9〉 このようなときにもまた、往々にしてゴフマンのいう如才のなさが女性の側に求められがちである。

〈10〉 ゴフマンは、現代のわれわれはわれわれが考える以上に宗教的で道徳的な世界に生きており、われわれ自身が「一種の神聖さを付与され」た「おろそかにできぬ神」であると述べた (Goffman 1967: 47, 96, 訳 47, 96)。だが、本当にそうであったなら、本文で見たような貶めは起こりえないのではないか。この点で、B・スマート (Smart 1996) がゴフマンの「道徳」観念に呈した疑念はきわめて重要であるように思われる。

〈11〉 この課題にとりくむ上で、ゴフマンの研究から学びうることはきわめて大きい。彼が研究した共在や出会いといった対象はまさに人びとの身体を通じて組織化されている。ゴフマンが直接的間接的にまた比喩的に身体について語っている事柄は膨大である。

第2章　今ここの身体、相互作用秩序とその攪乱

1　はじめに

わたしがここで語ることすべては、わたしが語らぬことによってゆがめられる。（Yourcenar 1958: 訳 318）

現代社会で生活していると、何かと問題を感じることは多々ある。生きづらいと思うことは少なくない。その具体的な内容はさまざまであろうが、それを私たちは言葉にして表現することもあるし、しないこともある。言葉を駆使して何が問題かを巧みに語る、という場面もあれば、黙して語らず、という場面もあるだろう。

社会学の社会問題研究において、何らかの事柄を「問題」として定義する言語的活動、クレイム申し立てとその言説に焦点が当てられてきた。言葉が交わされ問題が論じられ争われることは、たしかに通

常行われることである。それは問題が扱われる際のごく一般的な形式である。会議、議会、集会、学級会、家族や友人の間にもある。

だが、それだけではない。私たちはときに、言葉ではうまく表現できないと思えるような、曖昧模糊とした違和感や生きづらさを感じる。また言葉にしようと思えばできないこともないけれど、それを実際に口にするのは難しい、躊躇してしまう、ということもある。その事情はさまざまあろう。例えば、それをいうと、その場の雰囲気を壊してしまうような気がする、孤立し逸脱者とされてしまうかもしれない、特定の誰かの感情を害してしまうかもしれない、等々。自分の言葉が理解や共感を得られないのではないか、という恐れや予感もあるだろう。あるいは力関係のなかで、あるいは何らかの規制によって、端的に言葉が禁じられている、ということもあるかもしれない。こんなことをいってはいけない、という禁止は、明文化されていない場合にも私たちを強く縛っている。

実際、私たちの住む現代日本は、日常生活で問題だと感じていることを口にしづらい、それを口にしてはいけないという圧力あるいは「空気」が漂い、またそのことに人びとが敏感な社会ではないだろうか。「放射能　伝えたいけど　漂う「タブー感」」（朝日新聞、二〇一二年五月二日社会面見出し）、「おおっぴらにいえぬ」「最近は放射能のことを話題にしないようにしている。「放射能が心配だ」といおうものなら、「県や市が大丈夫だといっているのにあんたは何だといわれる雰囲気だ」という」（「プロメテウスの罠」朝日新聞、二〇一一年一二月四日連載分見出し、および記事）。「異論をまったく許さない。重苦しい空気でした」（原子力ムラの体質について、飯田哲也氏の言葉）（「プロメテウスの罠」二〇一二年六月七日連載分より）。「安心・安全ばかりがクローズアップされて、私たちのような一部の不安を抱える人間は声を上げづらく、行動にも移しにくくなっています」（Days Japan 2014.8: 96）。「なぜ心配していると声を出すと神経質な母親と言われるのか、不思議でなりません。苦しみの声、助けの声を吐き出す場所がない」（Days Japan 2014.8: 105）。菅直人元首相までが、原発事故を防げなかった理由について端的に一言で言えば、同調圧力だ。だんだん原発事故の危険性を言えないムードになっていた」（朝日新聞、二〇一一年九月六日「原発事故への対応　菅前首相にきく」）。デモが行われ、論戦が張られ、反対の声は大きい。その一方で、不安や心配、問題だと感じていることを口に出していいづらい雰囲気がある……そんなふうに語る言葉がしばしば聞かれる。疑問を言葉にして語れることは重要である。言葉が予め封じられるような状況は問題である。このことについては、以前『「曖昧な生きづらさ」と社会』（2004）のなかで詳しく論じた。

本章でみていきたいのは、必ずしも理路整然とした言葉で明確に語るだけではない、私たちの生きづらさの表現可能性である。言葉を駆使してはっきり語るのみならず、自分を表現し他者とコミュニケーションする仕方は無数にある。明確な言葉にはしづらい生きづらさもまた無数の仕方で表現される。

ここでは、日常私たちの感じる生きづらさが、たとえ問題をはっきりと定義し議論するといった言葉にはならなくても、相互作用場面において、その都度表現される形と可能性、他方でそうした形と可能性が相互作用のなかで不断に抑制され封印される、そのありようについて考えてみたい。その上で、人が身をもって生きづらさを表現し、生きづらさを強いる現状の秩序に揺らぎをもたらしていく、という可能性について考えてみたい。そのためのここでの導きの糸は、田中美津が論じた、「とり乱す」ということである。

2　とり乱すということ

> あたしは彼女の落ちつきの中に、彼女をとり乱させないこの社会の抑圧を逆倒影に、視る。彼女の生き難さをそこに、視る。とり乱しては生きていけない、というそのことこそ、まさしく何よりも、この社会が彼女に加えている抑圧の本質を物語っているではないか。（田中 1972=2004：162）

『いのちの女たちへ――とり乱しウーマン・リブ論』のなかで田中美津は、女の「生き難さ」の語りがたさ、それをわかってもらおうとわかりやすく話すことと、とり乱すこととについて書いている。たしかに田中がそこでとりあげたのは、「女」の問題であった。その意図からすれば、ここで今から考えようとする事柄は、女の問題を簡単に一般化しようとしている、と思われるかもしれない。しかし、私は田中が語ったこの問題を、今「女」固有の問題とは考えず、誰にでも、当てはまる人には当てはまる事柄として考えたい。もちろん、社会的にこのことがより切実に感じられる人びととそれほどでもない人びとがいることは否定できない。

ともあれ、右に引用した文章の「彼女」の箇所に「私」やいろいろな人を入れてみることができるはずである。そうすると、さまざまな場面の「今ここ」で、自分たちに起こっていることが何なのか、少し違った感じ方ができる。私や彼や彼女のなかに深く染み込んでいる命令、あるいは境界線が意識される。「ここから先へ行ってはいけない」。

一九七〇年代というずっと前に書かれた文が今も心に響いてくるのは、書き手の鋭さもさることながら、私たちをとりまくものが今もあまり変わっていないということではないかと思う〈1〉。

では、とり乱すとはどういうことか。はじめに、田中美津の言葉からその意味をくみとっていきたい。

生きづらさを表現すること

> 予定調和的な生き方というのがある。この世の生き難さを世の習いとあきらめて、所詮出る杭は打たれるものならば、できる限り当りさわりなく生きていこうとする生き方だ。むろん、生き難さを世の習いとあきらめさせる巧妙なからくりあってのことで、そのカラクリは「痛み」を痛いと感じさせない、つまりとり乱させない抑圧としてある。（中略）「とり乱し」は「予定調和」と敵対する概念としてある。（田中 1972=2004: 149）

とり乱さないとは、生きづらさを諦めること、生きづらいことをあえて生きづらいと感じないように生きることである。そうすることで、予定調和が保たれる。逆に、とり乱すことは、生きづらさを仕方のないものとして諦めず、表現することである。それは予定調和に敵対する。

存在が語ることば

では、とり乱すとは、どのような表現か。田中によれば、それは「存在が語ることば」、「存在そのものが語る本音」である。

> いま痛い人間は、そもそも人にわかりやすく話してあげる余裕など持ち合わせてはいないのだ。しかしその

とり乱しこそ、あたしたちのことばであり、あたしたちの生命そのものなのだ。それは、わかる人にはわかっていく。そうとしか云いようのないことばとしてある。痛みを原点にした本音とは、その存在が語ることばであり、あたしたちの〈とり乱し〉に対し、ことばを要求してくる人に、所詮何を話したところで通じる訳もないことだ。（傍点筆者）（田中 1972=2004: 88–89）

それは、わかりやすい表現ではない。「顔をそむけ、絶句するあたしのその〈とり乱し〉こそ、あたしの現在であり、あたしの〈本音〉なのだ」（田中 1972=2004: 88）。

しかし、他者の絶句から、人はいったいどれほどのことをわかるだろうか、わかろうとするだろうか。そもそも他者が今ここで絶句している、ということに人はいつも気づくであろうか。一対一の対面状況であっても、相手が何もいわなければ、異存なしの同意、さらには承認と見なす、あるいは単に気にとめない、無視する、といったことを私たちはしないだろうか。まして複数の人の間では、黙っている人の沈黙は置き去りにされてしまいがちではないだろうか。「男に対する女の沈黙とは、体で語る異議申し立てに他ならない」（田中 1972=2004: 223）。男女の間に限らない。静かな他者の沈黙を、いうにいわれぬ異議申し立てとして受けとめる者はどれほどいようか。しかし、絶句も沈黙も、たしかに身体で語っている、そう受けとることができる者にはたしかに受けとることができる。

繰り返そう。「それは、わかる人にはわかっていく。そうとしか云いようのないことばとしてある」。

予定調和と面子に背く

そのようなとり乱しは、通常抑圧されている。とり乱しは予定調和と敵対するが、また「面子」とも対立する。

……男もとり乱して当然なのであるが、男の面子がその手足を封じている。〈男らしさ〉の抑圧とは、とり乱させない抑圧であり、面子の抑圧に他ならない。（中略）この〈女らしさ〉の強制が、女をとり乱させない。つまり、女も又、面子を抱えて生きている。（田中 1972=2004：151－152）

とり乱すことは面子に関わることであり、それを損なうことである。人前ではっきりと理路整然と語りえぬまま、言葉に詰まって絶句する、そんな様ではとても面子を保てない。埋められない沈黙に、周りも困惑してしまう。周りの者に気づまりな思いをさせてしまうのは気が利かないことである。面子を保つこととり乱すこととは相反する。とり乱さずにいれば、面子は保たれ、ことは予定調和的に進行する。それが「日常性」（田中 1972=2004：241）ということである。ここで田中のいう日常性とは、「まさしく無意識の連続に他ならない」（田中 1972=2004：241）、日々の過程のことである。

とり乱すことは、第一に、生きづらさの表現であり、第二に、存在が語ることばである。「顔をそむけ」ること、「絶句」、「沈黙」といった表現で示唆されているように、それは、通常のわかりやすい言葉ではない。人と人との円滑なやりとりの流れにすいすいと乗っていくような言葉ではない。その存在、身体が語る言葉である。またそれゆえに、「わかる人にはわかっていく」が、わかりやすい言葉を要求してくる人にはわからない。第三に、それは予定調和に敵対し、面子に対立する。予定調和と面子とは、ともにとり乱しを抑圧している。

以上を踏まえて考えるなら、田中のいう「とり乱す」ことは、辞書にあるように「心の平静を失う」（広辞苑、第五版）、「心の落ち着きを失う。見苦しいようすをする。類語、騒ぐ」（大辞泉）といったことから思い浮かぶような、何か見るに堪えないような様子を見せる、ということでは必ずしもない。わかりやすい言葉を要求するような人にわかるような言葉で話すのではなく、そうしえずに表現されるさまざまな言葉や沈黙をも含む、言葉によらない表現、それらを表に出してしまうこと。漠然としていると思われるかもしれないが、「予定調和」、その場の相互作用の円滑な流れに乗ることのできない、こうしたさまざまな、とらえどころのない表現を、「とり乱し」と呼ぶことができるのではないだろうか。

「とり乱し」によって表現されるのは、自分がまさに感じている「生き難さ」「生きづらさ」、しかも言葉ではなかなか語りづらいそれらであるから、そこにはつらさや苦しさ、怒りやもどかしさといった感情が含まれるだろう。感情社会学が教えるように、感情を表現レベルでも経験レベルでも管理するよう社会的に要請されている私たちにとって、場にそぐわない感情は、表出することもされることも忌避される。[2] このこともまた「とり乱し」を抑圧しているに違いない。私たちは、今この場で求められていない感情を表現することにためらいを感じ、またそのような感情が、管理という通常のフィルターを超えて目の前に出されてしまうことも決して歓迎しないのである。

こうしてとり乱すことを田中の言葉をたどりながら素描するとき、E・ゴフマンが思い出される。ゴフマンは、人びとが居合わせる場面における相互作用とその円滑な進行を支配する秩序に、社会学の焦点を当てた。彼の議論は、私たちがとり乱さず、その場その場の円滑な進行に、パフォーマーとして寄与していく姿を、相互作用秩序という観点から明快に描き出した。次にゴフマンの議論を手がかりにして、とり乱すことを相互作用における出来事としてさらに考察していく。

3 ゴフマンの相互作用秩序論と身体

相互作用と身体

ゴフマンが研究対象としたのは、簡単にいえば、「複数の人が対面していることによって生じるさまざまな出来事の全体」である（Goffman 1967: 1, 訳 1）。彼が焦点を当てるのは、人びとが互いに知覚可能な形で出会ったときから互いの知覚の外へと離れていくまで、そこに共在する人びとの間に繰り広げられ起こっていることである。そこには相互作用がある。相互作用とは、身体的に共にいるときに人びとが互いに与え合う相互的影響のすべてを指す。そして、そこには固有の秩序がある。

人びととの共在において、身体は相互作用のメディアである。身体が発するありとあらゆる情報、言語、非言語を問わず、人が互いに知覚しうるあらゆるものが、相互作用を媒介する。したがってまたそこには、人が伝えようと意図する情報だけでなく、意図しない、あるいは意識していない情報もあふれている。このこと、つまり相互作用における情報の過剰さについては、第1章で詳しく考察した。ここでは先に進んでいこう。

こうした相互作用の様態には、対話や会合のように、特定の焦点をもつものもあれば、例えば街路や公共交通機関にみられるように、単に同じ空間・時間に偶然居合わせただけといった、特に焦点のないものもある。ゴフマンは、前者を「焦点の定まった」相互作用、後者を「焦点の定まらない」相互作用と呼ぶ。私たちは身体をもつ存在として他者と共にいる限り常に、意識するしないにかかわらず、相互作用に巻き込まれている。

ゴフマンが考察しようとしたのはこのような相互作用であった。それは、言葉による対話というコミュニケーションをはるかに超えるものである。こうして設定された枠組みのなかには、とり乱し、田中のいう、まさに身体の語る言葉が、明確に位置を与えられている。

相互作用の秩序

ゴフマンは、相互作用に固有の秩序、「相互作用秩序」を見る。それは、私たちの生活に関する他の規則、例えば、いわゆる法律やつきあいの慣習、職業倫理などとは区別される、相互作用そのものの秩序である。ではそれはどのようなものであろうか。

人と共にいるとき、どんな状況であれ、私たちはその場にふさわしくあることを求められている。「状況適合性」(Goffman 1963a: 24. 訳 27) とゴフマンがいうこの規則のなかでも最も目につきやすいものは、状況における活動への関与である。どんな社会的場面にも、その場面に本質的な要素といえる活動、「場面にかかわりのある活動」が見出される。例えば、学校の授業であれば、授業開始から終了時まで、学生は講義を聴く、教員は講義することが求められる。それ以外の活動、学生にとって居眠りをしたり、授業に関係のない考えごとをしたりすること、教員が授業をしながら呼吸法の練習をしたりすることなどは、実際にできるとしても、その場面に主要な活動ではない。人びとは各状況で、進行中の場面にかかかわりのある活動に適切に関与することを求められる。

しかし、状況への関与の仕方には多様な可能性がある。学生は、授業に集中することもできれば、授業にまったく関係のないことを考えたり、ノートに落書きをしたり、飴をなめたり、等々。これらの例は、外見上ほとんど問題にならないだろう。だが、もし大声で歌い出したりするならば、状況適合性からの逸脱がいやでも目につくことになる。状況の中心的な活動に適切に関与していない、明らかに違反している、といえる。違反の度が過ぎるなら、その場の活動は損なわれうる。違反者は授業妨害として退席を求められるかもしれない。それだけならまだよいが、多くの者が一斉に歌い出してやめないならば、授業はもはや成り立たない。つまり秩序はそこに居合わせる人びとに適切なふるまいを求めるが、逆に人びとがその求めに応じなければ揺らいでしまう、いや崩壊してしまうだろう。

出会い

同様に、そこに共に居合わせる人びとがお互い同士いかに関わるかはきわめて重要な事柄である。一方には、人びとが互いにまったく知り合いでなく、会話のような焦点の定まった相互作用を行うような状況にない場合がある。つまり、見知らぬ者同士が単にそこに居合わせているだけ、というような場合である。現代の都市生活では多くの他者とのごく日常的な居合わせ方である。電車の中、駅のホーム、路上、公共の建物のエレベーター内など。このとき保たれるべきは、互いにことさらに注意を向けない、というふるまい方、「市民的無関心〈3〉」である。他方、人びとが互いに挨拶をしたり、ある程度の時間会話を持続させることが適切であるような場面もある。知り合い同士や、まさにその相互作用を通して多少とも関係し合うことが期待されているような人びと、例えば懇親会で共通の知り合いから紹介された者同士などの間の、焦点の定まった相互作用である。

焦点の定まった相互作用が生まれる社会組織の構成単位を、ゴフマンは「出会い」と呼ぶ。さて、とり乱しは出会いのなかで生じる。そこで出会いについて今少し見ておきたい。

出会いとは、焦点の定まった集まりのことであり、それは、参加者にとって、注意の単一の視覚的・認知的な焦点、言語的コミュニケーションにおける相互的・優先的開放性、行為の強い相互関連、対面的な生態学的な群れ方などを含んでいる（Goffman 1961b: 17-18, 訳 4）。出会いには、相互作用である以上、秩序がある。しかもそこには、焦点の定まらない相互作用には見られない出会い固有のものがある。その秩序は、出会いという単位を維持すること、周りの環境からその出会いをひとつのまとまりとして境界づけることに関わっている。またこうしたことは、当該の出会いにおいて状況の定義として何が受けいれられているのかということに関係している。ゴフマンは、そこでまず、状況の定義がうまく保持されているときこの定義はどんなパースペクティブを排除しているのか、という問いを提起し、その上で、出会いの秩序維持に関わるいくつかのルールを指摘する。

出会いの参加者はまず、無関連のルールに従っている。出会いにおいて、その状況の定義にとって無関連な出来事を排除しておく、ということである。無関連なことが出会いの外に排除されることが、同時に出会いの境界を維持することでもある。例えば、授業や仕事の会議中、参加者は講義や議題に集中すべきであって、その場とは無関係のこと、例えば音楽を聴いていたり、夕食に何を食べようかなどと考えていてはいけない。たとえその場の事柄であっても、そこにいる人びとの服装や持ち物にばかり気をとられていてもいけない。逆にいえば、参加者はその出会いに無関連のものや、人の注意を不必要に引くようなもの、例えばあまりにも奇抜な服装や中身が気になる荷物などを持ち込まない方がよい。状況に不適切な感情を抑制することも同様である。このルールによって出会いのリアリティから関係のないものが締め出され、出会いはそれ自体でひとつの局所的な意味の世界をつくりだす。

出会いは、ゴフマンにいわせれば、手近にある材料で、必要なあらゆるものをつくりだす。具現化されるリソースと呼ばれるそれらは、局所的に具現化される出来事や役割のことである。しかし、出会いのリアリティを構成する材料は、出会いの外からただ単に持ち込まれるのではない。出会いの境界は、壁というよりスクリーンのようなもので、それを通過するものを単に選択するだけでなく、変形したり修正したりするのである。ここにはゴフマン曰く、「変形ルール」なるものがある。このルールは、出会いの外部に基礎をおく諸特性がその出会いのなかで表現されるとしたら、どんな形の修正が行われるかを指示する（Goffman 1961b: 31, 訳 23）。

これらのルールによって出会いのリアリティから無関連のものが締め出され、出会いのリアリティを構成する事柄がまさにそれに適するように変形されて具現化されているとき、人はそのリアリティに専心しうる。そして実際人がそうするなら、出会いはユーフォリック（幸福）なものとなる、とゴフマンはいう。参加者はそこでの活動に集中でき、気楽さや居心地のよさ、楽しさなどを感じることができる。今ここの出会いに、他のことを一時的にであれ忘れて熱中するのは、実際、楽しく心地のよい経験である。

だが逆に、人は自分が居合わせている出会いに専心できないこともある。右のルールにもかかわらず、出会いのなかに現れてはいけない何かが侵入するとき、参加者はしばしば気づまりや当惑、困惑などを経験する。出会いは、緊張が高まってディスフォリック（不満足）なものとなる。そのような緊張を高めてしまう出来事を、ゴフマンは「事件」と呼ぶ。それは歓迎されざるものである。せっかく楽しく過ごしていた場面で、突然水を差すようなことが起こるのである。人びとは、それが起こらないように気を配り、起こったときには、出会いの場面を救うべく何らかの手だてを講じようとするだろう。出会いは、自身にとって余計なものを排除しており、排除されたものが境界を超えて侵入してしまうことは、ときに起こりうるとしても、なるべく起こらないように予防され、起こったときには何らかの対処がなされるのである。

外見を整えること、即応性と機敏さ

相互作用秩序の維持に必要なものとして、居合わせる人びとに求められるものがある。ゴフマンによれば、大きくいって二つある。ひとつは、外見をふさわしく整えること。もうひとつは、人びとの能力としての、状況の刺激に反応する即応（readiness）と身体的な機敏さ（alacrity）である。

> 状況の一員として参加していることを最も明白に示す手段のひとつは、自己の外見あるいは「自己の表看板」、すなわち、服装、化粧、髪型、その他の身のまわりにつける装飾物を状況の規律にふさわしいように整えることである。（中略）外見に関わる拘束のことで銘記すべきことは、必要なものを単に備えているだけでなく、いつもふさわしさを保つように心がけなければならないということである。（Goffman 1963a: 25, 訳 28）〈4〉

外観を規律正しく整えるということは、まわりの人びとに敏感に反応するためのひとつの方法にすぎない。もう一つの方法は、状況の新しい刺激に反応する精神的即応と身体的機敏さである。（Goffman 1963a：28，訳32）

この二つは別のことではなく、即応性と機敏さは外見の保持に必要な能力である。重要なのはその場におけるふさわしさを常時維持するということである。

外見とは、第1章で詳しく考察したように、単に鏡に映った姿、すなわち視覚的に捉えられた姿ではなく、およそ身体が発し受けとりうるあらゆるものからなっている。まさに、身体が語る言葉である。自分の意志や努力によって比較的管理しやすい部分もあれば、管理の難しい部分もある。そもそも自分では意識できない部分もある、というより大部分がそうではないか。例えば、服装は事前に選び隅々まで入念に点検してその場に臨むことができるが、赤面や震え、発汗といった生理的な反応はなかなかコントロールが難しい。そして、コントロール外のことが生じてしまったときには、ゴフマンの指摘する第二の点、即応性と機敏さ、ちょっとした機転が重要となる。

このような外見すべてに状況適合性を問われるとすれば、とても大変なことのように思える。そもそも、コントロールできないことを、どうしてすべて状況適合的に整え保ち続けることができるであろう。個人にとって過重な拘束であり負担ではなかろうか。そう感じられるときもあるだろう。だが、通常私たちはさほど意識せず、きちんとしている外見を保つ、という課題をこなしているのではないだろうか。

私たちの身体は、後でも見るように、良くも悪くも状況適合性に関して幼少時より厳しく訓練されてきて社会化されているといえる。外的に強制される段階を経て、自分で自分を統御するというより高度な要請を自ら引き受け果たしている（岡原 2012）。共在において身体を適切に管理する能力は、その持ち主である個人にとって自己の現在のみならず将来にわたる評価と安心、にも密接につながっている。もし外見を状況適合的にうまく管理できなければ、ごく偶発的にそうなってしまったなら仕方がないとすまされるかもしれないが、もしそれがあまりにも度重なるなら、周りから社会生活を送るには欠陥があると見なされてしまうであろうし、その人自身困惑したり傷ついたりすることになるだろう。

4 経験と秩序

秩序立った相互作用に必要とされる能力とは、できるだけ適切な外見を維持し、たとえ不手際が起こっても直ちにうまく対処する即応性と機敏さを発揮できることである。そして今ここで何が適切な外見であり、何が起こってはならないか、ということを各人が知るのは、そこでの状況の定義に基づいてである。つまり、相互作用秩序は、人びとのその場の経験の適切さ、状況の定義の適切さを必要としている。では適切な状況の定義とは何か。

ある状況を特定の状況として定義するということは、状況をそのようなものとして経験できる、ということである。人は「この状況が自分にとって何であるかを適切に査定し、それに従って行為している」（Goffman 1974: 2）。そのような査定を可能にしている経験はいかにして成り立っているのか。このことをゴフマンはさらに問う。もちろん、状況はさまざまに経験されうる。複数の人がいればそれぞれ経験は異なるであろうし、一人の人にとっても一通りの経験しかありえないということはない。

人は、自らの経験を何らかの形で組織化しており、それによって何らかの意味のあるリアリティを生きる。人の経験は、その人が知覚したり行ったりしたことのすべてではない。経験の組織化の原理をゴフマンは「フレイム」（Goffman 1974）と呼ぶ。フレイムとは、経験を一定の意味あるものへと組織化する、まさに枠組みである。私たちの経験はいつもあるフレイムのもとでの経験である。経験がフレイミングされているとは、外界や自分自身について取捨選択が行われ、そこから何らかの意味のあることが生きられるということである。例えば授業や会議に出ている間、人は部屋の外から聞こえてくるさまざまな音や、座っている椅子や机の感触など、さまざまなことを知覚しているはずである。しかし、通常それらに注意を払わない。それらはフレイミングによって、意味ある経験の外部にある。だが、もしある人が、そこにいる人びとの服装にばかり気をとられているなら、その人のそこでの経験は、他の参加者のそれとは、かなり違ったものとなろう。そして、彼／彼女のその状況への関与の仕方には、外から見て、何かしらあるいははっきりと不適切さが漂うことになるだろう。今ここの主要な活動に適切に関与している限り経験から排除されているべきことが排除されていないところに、その不適切さは根ざしている。

経験のフレイムという概念によるゴフマンの考察は、出会いに関する考察のいわば変奏である。出会いには境界があり、そこを通過するものを、選択し、変形したり修正したりするのであった。ある場面を一定の意味のある場面として経験する、ということは、そうした経験の組織化と場面構成にとって無用であったり障害となったりする事柄が変形され、排除されている、ということである。その上に、今ここで起こっているのは何か、ということがはっきりし、共有される。そこではじめて、一定の合意も成り立ち、今ここでどのような外見が適切か、どのような関わり方がふさわしいかについて、そうしたふさわしさを互いに期待することができる。しかしその状況の定義、その合意は、決して揺るぎないものではない。合意は常に「作業合意」(Goffman 1974: 12)であり、暫定的なものである。

かくして相互作用秩序、出会いにおけるその秩序は、二重の排除を行っている。ひとつは、状況の多様な経験の可能性の排除。いいかえれば、状況についてある定義を保持することで、他の可能な定義を排除すること。これは経験のフレイミングによるものだが、フレイミングとはそもそもこの排除なのである。もうひとつは、そうして限定された状況の定義のもとでの、不適切とされる事柄の侵入を排除すること。とりわけ、各人において外見の不適切な呈示を排除すること。いずれにおいても秩序にとって過剰であり攪乱要因となるものが排除される。そして、経験と身体の外見の適切さは相互に絡み合っている。状況の定義において排除されているものが侵入すれば、外見の適切さは流動し、逆に状況適合性に合致しない外見の侵入は、状況の定義を流動化させうるからである。先にも触れたように、不適切な外見は不適切な経験の身体への現れであるから、二つはひとつの事態の両面ということもできる。

まとめれば、相互作用秩序の維持は、多様な経験の可能性に対して、そしてまた、身体の多様なふるまいの可能性に対しても、一定の制限を加えること、この二重のあるいは両面の排除の上にあるといえる。逆にいえば、こうした排除なくして相互作用秩序は維持されず、出会いは境界を崩されて円滑さを失う。私たちは、共在の各場面で秩序に従うことを求められるが、他方で秩序は、私たちの適切な経験と身体の外見、それ以外のものの排除を通してはじめて実現、維持されるのである〈5〉。

5　出会いにおいてとり乱すこと

ここで、とり乱すことにもどって話を進めることにしたい。これまでの考察から、とり乱すことが、出会いにおいて排除されなければならない側に属していることは明らかである。

とり乱すことは、ゴフマンのいう意味で、出会いにおける「事件」である。事件とは、出会いにおいて突然緊張の度合いを高めるような出来事が起こることである（Goffman 1961b: 42, 訳 39）。それは、「出会いのなかで秩序立ててそして気楽に扱えるように適切に「整えられ」ていない、あるいは変形されていない事柄が侵入する」（Goffman 1961b: 43, 訳 42）ことであり、それによって居合わせる人びとの間に当惑や気づまりといった歓迎されざる感情がもたらされる。こうした事件のごく一般的な例は、思わぬ失言やへまなどと呼ばれるものであろう。

しかし、突然の出来事ばかりではない、ということもここでぜひ付け加えておきたい。ゴフマンが注意を喚起するのは、スティグマをもつ人びとの苦境である。このような人は自分が身を置くほとんどあらゆる出会いに対して逆効果になってしまう特性を処理する方法を学ばなければならない（Goffman 1961b: 43, 訳 40）、と彼はいう。とりわけ人目につく障害や特異性は、人びとの注意を引きがちである。そうした目に見える特性は、出会いの最初から事件性を構成してしまうのである。

出会いにおいて緊張の度合いを高めるような出来事が起こり、人びとを当惑させる、このような「緊張」には、ゴフマンにいわせれば、二つの世界が関係している。すなわち、今ここの出会いと、そこから排除されているべきものが属する世界である。彼によれば、出会いにとって重要なのは、参加者の自発的関与である。自発的関与とは、携わっている活動に自ら没頭する、熱中する、専心する、ということである。それによって、出会いは生き生きとしたものとなる。このときにそこにいる人が感じるのは、気楽さ、自然さといったユーフォリックな感情である。しかし、すべての出会いに人は気分よく専心するわけではない。自発的というよりも仕方なく責務としてそこにいる、という場合もある。熱中できるはずもない。例えば、友だちと約束があるというのに授業や会議が長引いて帰れない、とか、退屈な集まりで早く家に帰りたい、とか。

そこに居合わせることを余儀なくされる世界と、自発的関与がなされる世界という二つの世界を想定するとき、両者が一致していれば、人は問題なくその出会いに没頭することができる。だが、二つが一致しないとき、人はその場に専心できず、その外の別の世界に属する事柄に関わっている。この分裂が高じると、出会いのルールを維持することは苦痛あるいは困難となる。端的にいって、つらい、のである。このときその人にとって、出会いのなかには、ある種の緊張、ディスフォリアが存在している〈6〉。

かくして緊張とは、個人にとって自発的にリアリティとして受けいれることのできる世界と、居合わせることを余儀なくされている世界との間の、感知された亀裂のことである（Goffman 1961b: 40, 訳 36）。出会いの凝集性と持続性はその境界の維持に依存するが、この境界の保全は、緊張の管理に依存する、とゴフマンは指摘する。

このような緊張は、出会いの場面が首尾よく保たれるためには、きちんと管理されなければならない。

居合わせる人びとの緊張を高めてしまう事件は、あまり起こらない方がよい。だがもし起きてしまったなら、出会い全体をその影響から守る必要がある。なぜなら事件は出会いの安寧を脅かしてしまうから。居合わせる人びとは、緊張を処理し、ディスフォリアを減少させるべく、事件を公式の状況のなかになんとか統合しようとする。あたかも事件は起こらなかったかのように装うこともときにはなされる。ともあれ、このとき即応性と機敏さ、機転や沈着といった、ゴフマンが外見とともに重視した能力が期待され発揮されることになる。

だが、緊張の高まりに耐えきれず、統合とは異なる方向へ事態が展開することもある。「彼が不関与を装ってきた事柄が、突然彼にとって耐えきれないものになり、そして彼は瞬間的であるにせよ、現在の相互作用での適切な表現的役割を保持するために動員されていない人に崩壊してしまう」(Goffman 1961b: 50, 訳 52)。わかりにくい言い方だが、本当ならば適切な役割保持へと動員されているはずの者が、そうできなくなってしまうということである。抑えていた感情や気持ちが解き放たれる。ゴフマンはこれを、「あふれ出し (flooding out)」と呼ぶ。それは「プレイの外に出る (out of play)」こと、「枠組み壊し (breaking frame)」(Goffman 1961b: 51, 訳 52) である。緊張のレベルが高まり、それが限界に達するとき、いいかえれば、無関連のルールや変形ルールの要求に従うことが耐えがたいものとなるとき、私たちはこらえきれず「あふれ出」す。あふれ出しが起こるとしばしば緊張は緩和されるが、ときにはこれがさらなる緊張を生んでしまう。あふれ出しは、出会いのなかに「新しい攪乱要素」を持ち込んでしまう。

緊張管理の失敗は、あふれ出した本人を難しい立場に追いやることになるだろう。周りの者は、その参加者のふるまいをなかったことにしようとしたり、場合によってはその人を、「参加者としてでなく、単なる注意の焦点として」（傍点は原文イタリック）（Goffman 1961b: 53, 訳 55）扱うことによって、事件を出会いのなかにうまく回収しようとするだろう。他方で、当人は、参加者として求められている適格性――出会いにとって重要なあの二つの能力、適切な外見の維持と、即応性・機敏さを十分に備えているかどうか――を一時的にせよ疑われることになる。この際一人を犠牲にすることで、出会いとそこに居合わせる人びとの安寧を救うのである。

とり乱すこと。それは、こうした事件である。それは、今ここの出会いの緊張を高めてしまう、出会いにとって回避されるべき違反であり、緊張を適切に管理できないというあふれ出しである。それは出会い全体をさらなる緊張へと導く事件になりうる。それと同時に、とり乱した当人は、参加者としての適格性に疑いをかけられて、一人の参加者から注目の焦点へ、主体から対象へと変えられてしまう。出会いのスケープゴートとなる。

だが、考えてみたい。とり乱すことがともあれ事件視されるということ、そして、何らかの対処されなければならないもの――たとえそれが「無視する」という対処であっても――として取り扱われるのはどうしてなのか。それは、まさにとり乱しというふるまいが出会いの秩序に対してもっている、重大な影響力ゆえに他ならない。

6　相互作用秩序の攪乱としてのとり乱し

とり乱しとは、相互作用秩序にとって通常排除されていなければならないものが表現されることである。出会いの秩序にとって参加者がとり乱すことは、「事件」である。攪乱要因となるものから出会いを守ることは、一方で困難なように思われるが、他方では、それほど困難なことではない、ともいえる。まず困難の方から述べれば、まず私たちの身体とその感覚が問題である。身体は、その持ち主のコントロールを超えており、また個々の出会いを超えて存在するものである。ある程度コントロールできるとしてもすべては到底無理であり、またコントロールできるものでもし損なって誤るということがある。失言や注意散漫などよくあることだ。さらに、そもそもコントロールできないと実感されるような次元がある。本章第3節でも触れたように、例えば、赤面や発汗などの生理的反応、物理的生理的身体の不随意性や脆弱性はどうしようもない。人間の身体は、頑丈かもしれないが繊細で傷つきやすい。

人がいかに注意深くても、身体の統合は常に幾許かの危険にさらされている。読書中、人は椅子から床に転落し怪我をするかもしれない。（中略）身体は、落下、打撲、毒、切りつけ、狙撃、圧力、溺れ、火傷、病気、窒息、感電などを被ることがあり、身体の持ち主は身体を常に危険にさらしている。（Goffman 1967：166-167，訳 172-173）

また、人間の感覚は、本人の意志を超えて周囲の出来事や雰囲気を察知しうる。身体に対するわれわれのコントロール可能性はせいぜい部分的なものである。それはまた、身体の成長段階（年をとればコントロールのきかないことが増えるであろう）や環境条件（猛暑や極寒など）といった、個々の出会いに対して外的な条件によっても左右される。

個人のコントロールの及ばないもうひとつの領域に、他者の受けとり方がある。その外見を知覚し、解釈し、それについて何らかの判断を下すのは、当の個人でなく共にいる他者である。それはまさに他者次第であり、当人にできるのは、その場にふさわしいと他者に認められるように努力することだけである。

以上を、困難さの条件とすれば、もう一方で、とり乱しから出会いを守ることに寄与する条件、私たちにとって出会いを守ることを容易にしている条件がある。何といっても、私たちは幼少時より出会いにおいて秩序を尊び維持するようにと訓練され社会化され、慣らされてきた。また実際にそうできることは、出会いの参加者としての評価および安心と強く結びついている。状況で要請されるものには「道徳的性格」が付与されているとゴフマンはいう（Goffman 1963a: 240, 訳 258）。人が、敬意を払われ尊重すべき存在として扱われるのは、そうした道徳的要請にかなっていてこそである。相互作用秩序を維持するという、状況における道徳的要請と、個人にとって人として尊重されたいという要求は、ゴフマンにいわせれば、うまく嚙み合っている。秩序に従わない身体を人前にさらすなら、つけはその身体の持ち主にまわってくることになる。

もし多少の不手際が生じても、それを修復する機会と余地もまた与えられている。

不適切な服装をしている時、例えば、公共の場でボタンがなかったり、服に染みが付いていたり、チャックが開いていたりしたことに気づき「しまった」と思った時、われわれは非難されるであろうと感じ困惑する。こうした事例は、衣服が社会的相互作用のミクロな秩序の一部を構成し、（傷つく）自己という感覚と深く結びついていることを例証している。（Entwistle 2000: 訳 52）

自分の不適切さに気づいた者、またそれを目撃した者は、当惑や狼狽、気づまり、不面目といった感情にとらわれる。それは居心地のよいことではない。人びとは抜け出そうとするだろう。そのための努力こそ、秩序の回復と維持という道筋に通じている。不手際なところを見せてしまったと感じた者も、また目撃してしまった者も、通常の感覚の持ち主であれば、機敏にその場を修復しようと努めるであろう。人びとがそのようにふるまうなら、秩序は直ちに修復へと向かうだろう。こうしたことが、私たちをとり乱させない方向へと差し向ける。ここで付け加えておくならば、したがって、出会いの秩序をより脅かすのは、自らの不手際を不手際と感じず、羞恥心や困惑、当惑といった感情にとらわれないまま事件を引き起こす人びとである〈7〉。

こうした感受性と順応性の習得こそは、社会化の最重要な課題のひとつに他ならない。ごく幼少時から、人は、定義されたさまざまな状況において、その状況の定義に適合的な外見を保つように規律・訓練され、身体に関する多くの禁止事項を受けいれ、それらは早晩身体化される。相互作用秩序の危機に対する私たちの繊細な感受性と感情は、秩序維持に対して機能的に作用する。自分自身や他者の感情的安定を求める私たちの要求と、状況の秩序維持の要請は、ここでもうまく噛み合っている。

7　世界の亀裂と境界の引き直し

では、見てきたような「事件」を起こさないように努めることは、私たちがいつも心して引き受けるべき義務なのであろうか。いうまでもなくここでの答は、否。必ずしもそうではないだろう。たしかに秩序の保たれている出会いでは私たちは平静でいられるし、またそうあることを求められている。これを無用に混乱させることは居合わせる人びとを困惑させる。しかしながら、とり乱すこと、事件を起こすことには、出会いにおいて積極的で重要な意味もある。

ゴフマンのいう意味での事件が決して起こらない世界というものを仮に想像してみよう。それは気楽さや安心感、ユーフォリアが延々と続いていく世界だろうか。そうはとても思えない。それは、すべてが不断に滞りなく滑らかに進行していくことが至上命令であるような、ある種グロテスクな世界ではないだろうか。そのような命令が生身の身体としての私たちにとって決して気楽なものでないことはすでに見てきた通りである。

自発的関与と責務的関与の不一致、ひとつの出会いに関わりながらも、今ここで排除されている世界にも関わり、そのギャップによって当の出会いへの関与が息苦しく、生きづらいものとなることは、決して例外的な事態ではない。そもそも身体は今ここの出会いを超えるものである。すべての出会いがそこで有能な参加者を演じていさえすればユーフォリックなものになる、とは限らない。そんなはずはないのである。むしろ逆に、その出会いに期待されている通りに関与することそれ自体が苦痛である、ということは誰にでもあることだろう。そのとき、それでもその出会いに専心しようと、その流れに粛々と自らを合わせていくとするならば、彼／彼女の参加者としての評価を危険にさらさないかもしれないが、自分自身を、一方で緊張のなかに置き続け、他方で出会いの楽しさから疎外し続けるであろう。

とり乱しは、出会いにおける緊張の高まりに対するひとつのふるまい方である。緊張は、今ここの世界にいながら、そこから排除されている別の世界の可能性を感受している、この二つの世界の亀裂を感じることからやってくる。とり乱すとき人は、この出会いのリアリティとは別の、まさにこの出会いの秩序によって排除され抑圧されている別のリアリティに関わっている。人は、二つの世界、今現に実現し進行しているリアリティとは別のリアリティがありうることを知っており、そこから今ここの出会いが、見かけ上の平静さにかかわらず、必ずしもユーフォリックなものではないこと、生きづらいと感じられるものであることを、その身体で表すのである。それは、関わることを余儀なくさせられているこの世界、この出会いを、表面上滞りなく維持していくのは耐えがたい、ということのいうにいわれぬ表現である。そのとき人は、出会いにおける有能な参加者としての自己の評価と安心を危険にさらすことになるだろう。それでも、その耐えがたさが人をとり乱させる。とり乱すとは、秩序に対するこのようなふるまい方、すなわち、緊張を強いられても粛々と秩序に従っていくのではなく、秩序の方に揺さぶりをかけることで緊張を強いられている状況を突破しようとする、そのようなふるまい方のいわば比喩である。ゴフマンの言葉でいえば、出会いのなかであえて事件を引き起こすことなのである。

事件を起こすこと、とり乱すことは、出会いにショックを与え、無関連のルールや変形ルールによって維持されている出会いの境界を揺さぶること、それによって境界を引き直そうとすることである。出会いの強いるものを生きづらいと表現し、その秩序を変えようとすることである。それはまさに田中がいっていたように、諦めず、生きづらいものを生きづらいと表現する態度なのである。それは、今ここの出会いと、そこから排除されている世界との亀裂を知る者だけに可能なふるまいである。そのようにふるまうことは、今ここの出会いに、別のリアリティを接続させること、他の可能性を呼び込むことであり、それを媒介しうるのは、一人二つの世界の亀裂を感受し、そのために苦しむ者の、自身の評価と安心を賭けたふるまいなのである。

8　身体と相互作用秩序

「事件」を起こすこと、それによって、出会いに潜在する緊張を耐えられないものとして表すこと。自らの生きづらさに表現を与えること。その方法は無数にある。

なぜなら、私たちは身体的存在であり、身体をさらして生きているからである。実際、身体が厳しい管理の対象とされ、状況適合的に自らを管理できることが社会化の重要課題とされているのは、まさにこの文脈においてである。学校生活や職業生活での服装に関する細かな規定、作法・態度への厳しい目などは、その意味でまったく故なきことではない。そしてまた逆に、服装や作法・態度など身体の目につくあり方は、これまでいつもそこに抵抗や反抗の徴が見出され、詮索され、帰属される対象だった。例えば、かつて女性が伝統的に与えられてきた服でなく、男性労働者のような服装で人前に現れることは、意図のあるなしにかかわらず「非言語的なレジスタンス」(Crane 2000: 99) とされた。現代の私たちの社会では、特定のファッションが逸脱や抵抗のシンボルと見なされるといった表現の素朴さはもはや存在しない。それでも、われわれの身体の大部分を包む服は、外見の大きな要素のひとつであり、それ自体で好むと好まざるとにかかわらず何ごとかを表さないわけにはいかない。例えば高橋直子が、現代の若い女性のファッションを、ノファッションで自分を表現することなどできない、乱高下するそのときどきの気分をせいぜい反映させられるぐらいである、ということの表現として受けとり、そこに、「害がない」と思われることが「生き延びる術」であることをひしひしと感じている者の「屈折と痛々しさ」を読みとったように（高橋 2002：186−188）。

お洋服はそれだけでちからを持っている不思議なもの。でも、何も考えずに身につけていると、そのちからは自分の思っているのとは全然違う方向にあふれ出す。勝手に記号として通用してしまう。だからわたしたちはお洋服のちからをコントロールできるようにならなければ。（高橋 2002：205）

しかし、高橋のいう「お洋服のちから」を完全にコントロールすることは決してできない。「お洋服」はさらに身体、外見と置き換えられるだろう。

出会いにおいて、自らの外見を常に周到に適切に管理することが求められている、ということ、その能力が出会いの参加者としての自己の評価と安心とに結びつけられている、ということ、これらは、私たちの身体が出会いに対して常に潜在的に攪乱的な力を秘めている、ということの裏返しに他ならない。そこに、出会いの秩序にとって排除されるべき何かがあからさまに顕れるなら、それは脅威ともなりうる。私たちの相互作用のどの瞬間も、実は潜在的に一触即発なのである。しかし、通常そうしたことは意識されない。それが「日常性」であり、状況適合性を身体化するように訓練されてきた私たちのあり方である。脅威に対する守りもそれゆえにこそ堅い。

苦しい状況で自制心を保つ能力は大切である。自制心を保つには沈着冷静さと意志の強さが必要である。個人は自分にふりかかる深刻な難問をきちんと認識しなければならず、しかも、それでいて精神的に混乱したり意気喪失することがあってはならない。それでこそ、個人は社会の役に立つわけだ。個人が精神的に安定していてこそ、個人は社会的活動の場面に、人びとが必要とする安定と連続性をもたらす。また、その条件があって、社会は社会たりうる。個人の自制心を保つ能力を社会は評価する。社会が道徳的判断をして評価するのである。自制心をもっている人は強い性格をもった人、簡単に気が変わったり感情に溺れる人は弱い性格をもった人、という評価を下すのだ。（Goffman 1967：259, 訳 265）

だが、人は、ときにはこの道徳的評価を度外視し、事件へと身を投じることがある。出会いにおいてとり乱すこと、生きづらさを表現することはそのようなふるまいである。それは、ゴフマンが「運命的」と呼ぶふるまい、アクションである。運命的であるとは、結果性をもちかつ問題をはらんでいるということ、つまりどうするかを決めることが問題でありしかもその後の生活に何らかの影響を及ぼす結果を生じることである。そのふるまいはルーティーンを逸脱し不可逆性を帯びるだろう。運命性は、人を時間とのきわめて特殊な関係性の中に入れる、まさに真剣なアクションがその人をそこへ連れて行くのだと、ゴフマンはいう（Goffman 1967：261, 訳 266）。

つまるところ、社会において、わたしたちは瞬間瞬間を生きている（live）のではなく、それらを切り抜けている(live through)のである。さらに、運命的活動はそれ自体がしばしば社会の日常的出来事をこわすものになって、大局的にいろいろな組織・機関から見て容認できないものになることがある。(( )内筆者補足)(Goffman 1967: 260, 訳 265)〈8〉

とり乱すことが予定調和に敵対するというのは、この意味においてである。そして、ゴフマンはここで二通りの生き方を示唆している。その時々を切り抜けることと、生きること。

9 今ここの身体

ゴフマンは、共在において、私たちがいかに相互作用秩序の維持再生産へと、ほとんど自発的といってよい仕方で動員されているかを描き出した。相互作用秩序は、その都度の状況においてふさわしくあろうとする私たちの努力の上に維持される。秩序維持に努めることは、状況に居合わせる者たちへの道徳的要請であり、それに従っている限り、人は人として尊重され、一時的にしくじっても、そのことに当惑し修復へと駆り立てられる限りにおいてまた救済される。逆にその道徳的要請に反する者は、単に状況の秩序を脅かすのでなく、自分自身の立場をも危険にさらすことになる。こうして、相互作用秩序が維持されていくメカニズムを、ゴフマンは私たちに示してくれる。とり乱すことは、抑圧され封印されれる。それは排除されなければならない。またこのことゆえに、ゴフマンの秩序論は一見、再生産モデルであり、秩序の変化や流動化のメカニズムを直接的には描いていないともいえる。

だが、ゴフマンの議論からは、相互作用秩序がいかに私たちの経験と身体における排除に負っているかがくっきりと浮かび上がる。

> この（社会的出会いの）構造の核心的因子は、状況に関して単一の定義を維持すること、すなわちこのような定義は表出されねばならず、またこのような定義は無数の潜在的攪乱のただなかで維持されねばならない、ということである。（傍点筆者）（Goffman 1959: 254, 訳 300–301）

ゴフマンの記述は秩序がいかにして維持されるのかということと同時に、それがいかに揺らぎ、出会いの境界がいかに常に引き直される可能性を秘めているかを描いている。

そこから見えてくるのは、私たちの身体が、相互作用秩序にとって排除されるべきもの、「無数の潜在的攪乱」要因をいかに帯びているか、攪乱をいかに招き寄せてしまう可能性に満ちているか、ということである。秩序に従ってふるまおうと努めているときにさえ、身体は私たちの努力を軽々と裏切ることがある。まして、人が意図的に出会いを揺るがそうとするならば、どうであろうか。もちろん、出会いの守りは堅く、居合わせる人びとは協力して、逸脱した身体の力を無効化しようとするだろう。人びとは、そのような身体をその都度無視したり、単なる注目の焦点として扱ったり、その身体の持ち主を、ゴフマンのいう「われわれの集まりと社会的場面を守るための施設」（Goffman 1963a: 241, 訳 267）に収容、排除することさえできる。

しかし、繰り返せば、そのような厳しい対応が用意されていること自体、相互作用秩序に対する私たちの身体のどうしようもなく両義的な性格を指し示している。相互作用秩序は私たちの身体を必要とするが、身体は各状況の秩序が求める以上のものでもある。身体は、秩序の維持と攪乱の境界にある。いいかえれば、身体は、相互作用秩序とその外部を媒介する。さらにこういうこともできる。相互作用秩序は身体を通じてその外部に開かれている、と。われわれの身体は、秩序とその攪乱の攻防の最前線そのものである。ゴフマンの相互作用秩序論から浮かび上がる秩序は、安定性より不安定性、堅固さより柔軟性、脆弱さをその属性とする。

相互作用秩序に従うことを道徳的要請として、いつもふさわしい外見、ふるまい、を体現し保つこと。この能力は、私たちにとって社会生活を送る上で基本的なものである。とはいえ、すべての状況がその要請通りに維持されなければならないとは限らない。緊張を強いる出会い、もっと別にもありえたかもしれない出会い……そのような状況において、人は何をなしうるか、人はいかなる力をもつのかを、ゴフマンの相互作用秩序論は問いかけている。

私たちは、その場の円滑な進行を尊重し、「とり乱し」を抑圧していくのか。誰かがあえてあるいは耐えられずに歓迎されざる言動に及ぶとき、それに対していかなる態度をとりうるのか。彼や彼女のふるまいを秩序のなかへと回収する、回収できなければ排除する、そのような力の方に加担するのか。あるいはその「事件」を現状を問う契機として受けとめ受けいれていくのか。

異なる経験と状況の定義を今ここに持ち込むこと。それに基づいてふるまうこと。排除に加担しないこと。それは、相互作用秩序を破壊するというより、むしろその揺らぎやすく柔軟な性質を活性化させることである。生きづらさを強いる現状を問題化し変えていく、その可能性は、今ここをどう「生きる(live through or live)」のか、という瞬間瞬間の問いとしてある。

注

〈1〉現在勤務している大学でも、田中美津の語る言葉と対話し共感する学生はいる。

〈2〉岡原正幸によれば、その管理は、外的な強制から自己統御へと高度化している。私たちはますます自己自身を統御することへと向かわされている（岡原 2011）。

〈3〉原語は、civil inattention。『集まりの構造』では、「儀礼的無関心」と意訳されている。以下、原語のあるものの日本語訳は、邦訳が出版されている場合、それを参照しつつ、必要に応じて訳し直した。その場合にも邦訳の該当箇所を指示した。

〈4〉このことを、山岸美穂は次のように問うている。「私たちはなぜ、衣服を身にまとって人前に現れるのだろうか。私たちはなぜ、服装やアクセサリー、化粧の仕方に気遣い、言葉づかいに注意し、立ち居ふるまいに配慮するのか。私たちは、出会う人や場面が異なれば、着て行く服装や化粧の仕方を変え、時には言葉遣いや立ち居ふるまいも変える。自分が適切なふるまいをしたと思えば誇りに思ったり安心することもあるし、場違いで恥ずかしく感じることもある」（山岸 1999: 13）。

〈5〉両者は相互に支え合う循環関係にある。詳しくは第1章で考察した。

〈6〉このような困難には、ゴフマンによれば、主に二つの状況が想定される。ひとつは、その場で公式には排除されている事柄に自分自身が強く引き寄せられているのを知るとき。もうひとつは、その人自身が公式に排除されるべきものとなっていると知るとき、である。人がそれを感じる程度は、変形ルールを維持することにその人がどの程度関わっていると感じているかにかかっている（Goffman 1961b: 38-39, 訳 34）。

〈7〉こうした者たちに対処するため、「集まりと社会的場面を守るための施設」（Goffman 1963a: 241, 訳 267）、すなわち「精神病院」があるとゴフマンはいう。

〈8〉原語は"moments"である。邦訳書では「時間」と訳されているが、原語の持つ意味をより表すべく「瞬間」とした。

第3章　日常生活の自明性と無反省のメカニズム

J・バトラーの二つの検閲を手がかりに

1　はじめに

第2章では、「とり乱し」を糸口に、日常の平穏な進行とそれを揺さぶる「事件」について考えた。ある平穏な日常は、必ずしも誰にとっても平穏ではない。むしろそこで抑えられている生きづらさの表現として、「とり乱す」という「事件」を積極的に意味づけようと、前章では試みた。本章では、この平穏な当たり前の日常に焦点を当てる。ここでの目的は、第一に、日常生活の自明性を、社会問題研究にとって見過ごしにできないテーマのひとつとして、積極的に位置づけること、第二に、この自明性にアプローチしていくために、自明性が、何かを問題にしていこうとする人びとの営みに対してもつ作用を考察することである。そのために、ここではJ・バトラーの発話と検閲に関する議論を手がかりに、自明性と社会問題のクレイム申し立てとの関係を考察したい。

社会のある「現状」を問題化しようする「社会問題の構築」に対して、それを否定、抑圧するような営みが他方にある。両者のせめぎ合いは、例えば革命運動とその弾圧のように、歴史的規模のダイナミクスとしても、また日々の相互作用場面においても考察できるであろう。ここではこれを相互作用過程において考える。

社会問題は、何かを社会問題だとして訴える人びとの活動を通して構成される。したがって社会問題研究は、人びとの相互作用過程に目を向ける。このような視野を拓いた構築主義の社会問題研究は、また他方で、没問題的な日常についても改めて問うことを可能にする、あるいは促す。問題の構築は没問題性の否定という契機を含む、つまり両者は表裏の関係にあるからである。

ここではこの社会問題研究の視点を踏まえつつ、日常生活の自明性それ自体を、「現状」の問題化に対抗的な作用として改めて主題化したい。ここで見ていきたいのは、社会問題の構築ひいては現状改変の試みを無効化しようとする営み、反‐問題化の作用である。

2　社会問題研究と日常生活の自明性

まず、日常生活の自明性が、社会問題研究にとってひとつの重要な主題として位置づけうることを論じる。構築主義の社会問題研究は、人びとがクレイム申し立てを通して「社会問題」という現実をつくりだす過程に目を向けてきた。その関心の焦点は、当然ながらあくまで「社会問題」や「クレイム申し立て」にある。社会問題はいかにして構築されるか、いかなるクレイムが申し立てられ、応酬が繰り広げられているか、というのが基本的な問いかけである。しかしその関心の回路は、一見その対極あるいは背景ともいうべき領域、日常生活において自明と見なされているものをも問うことへとつながっている。

たしかにいわゆる構築主義の視点からは、「社会問題」に限らず、一般に、現実は社会的に構成されるものである。没問題的な現実もまた同じである[1]。しかし、日常生活の自明性は、単にそれゆえでなく、社会問題の構成過程を見ていく上で積極的に問われるべき領域として浮上しているように思われる。その浮上の経路は主に次の二つに整理できる。

第一に、日常生活の自明性は、構築主義の理論的展開の途上で、主にポスト構造主義の知見を生かそうとする試みを通じて主題化される。G・ミラーの手際よい整理によれば、構築王義の社会問題研究に対してさらなる理論的展開を促すさまざまな挑戦として、主にポスト構造主義と呼べる立場からのものと、批判的社会学からのものが現れた（Miller, G 1993: 253）。そのうち前者からは、知と権力の関係を問う視点がもたらされた。すなわち、記述や分析はそれ自体政治的なふるまいであること、真理は政治的なものであるという見方である（Miller, G 1993: 266）。

ある真理がヘゲモニーを獲得しているとき、他の真理は沈黙させられている。ある言説なり発話が人びとの間で正当なものとして受けいれられているということは、他のものがしりぞけられ沈黙させられているということである。そう考えるならば、何が問題か、あるいはそもそも問題の有無、さらには何がクレイムかなどに関して語られる言葉はすべて政治的なもの、といえる。ここから、クレイムが申し立てられておらず、したがって特に問題化されていないことは改めて捉え直される。そうしたことは知のへゲモニーの問題と見なしうるからである。問われていないということ、自明なものの不問という地位はいかに維持されているのか。クレイムはいかに周縁化され沈黙させられているのか。いいかえれば、自明なものが自明なままに維持されていることの政治性を問う、という研究課題がここに生じる。自明なものは、単に社会問題という図の地、あるいは単に、同様に構成されているという資格で扱われるのではもはやない。日常生活の自明性は、それを問題化しようとする活動、言説、発話に対してヘゲモニーを争う「他者」として、積極的に問われるべきものとして、浮かび上がっているのである。

第二に、自明性は、実際に人びとのクレイム申し立て活動に対して現れるものとして、社会問題とクレイム申し立てに関する経験的研究の目前に浮かび上がってくる。構築主義が注視してきた対象、すなわちクレイム申し立てとは、人びとにとってそれまで問題でなかった何ものかを改めて問題として定義し、それを人びとに認めさせようとする言葉を他者に向けて発することである。つまりその活動は、社会問題研究の主たる問いである、いかに問題を定義しているか、ということ以前に、何であれ当該の事柄の没問題性、自明性をまずは否定している。いってみれば、構築主義の社会問題研究がとりあげてきた対象とは、まさしく自明視されてきたものを問題化しようとする、自明性への挑戦という性格を大なり小なり付与される、そのような言葉による活動なのである。こうした活動に対しては、しばしば対抗的反応が引き起こされる。このクレイムへの反応もまた、いかなる論理で反論するかということ以前に、問題化への抵抗や否定、自明視してきたことの自明性の維持という含みをもっている。

例えば、夫婦別姓を求めるクレイムが社会的に認知されはじめた当初よく見られたのはそうした反応であった（草柳 2004）。それらは例えば、夫婦別姓は家族制度や家族を崩壊させる、といった警告型のものや、わがままだなどとクレイムを申し立てる人に問題を還元するものであるが、いずれにせよそこに読みとれるのは、問題化されようとしていた「現状」の自明視でありその視点からの抵抗であった。その意味で、かのクレイムによって「崩壊」の危機に直面していたのは、家族や家族制度よりも、反対する人びとが自明としてきた家族観でありその自明性なのであった。

したがって、日常生活の自明性とは、クレイムを申し立てる側から見れば、問題の構成に際して直面する壁、根づよい抵抗として立ちはだかるものとなる。では、その壁はいかに立ちはだかるのであろうか。この問いは、経験的研究の射程に含まれかつそれを押し広げるものであろう。

以上、日常生活の自明性が主題として浮上してくる経路を、構築主義の理論的な展開過程におけるポスト構造主義の知見および経験的研究の二つを通して見てきた。二つの経路は別個のようでも、実際は交わりうるものである。ポスト構造主義の知見に基づく課題にとりくもうとすれば、いかにクレイムはしりぞけられ自明性は維持されるかに目を向けるという経験的研究課題がひとつの道になるであろう。まとめていえばその課題とは、「社会問題の構築」という一方の営み、試みに対して、日常生活の自明性が有する対抗的な力の作用に目を向けるということである。日常生活の自明性は、問題を提起するクレイムが現れず「社会問題」が構成されないという、不断の達成の効果として疑われ、改めて主題化される資格がある。〈2〉

3　日常生活における自明なものの経験とクレイム

日常生活は誰にとっても多かれ少なかれ自明なものである。自明視されている世界の経験は、行為者にとって行為の実行可能性の第一の基礎であり、「さらなる気づきが生じるまで」は「疑問をもつことなく所与のものとして受け容れられている」が、「いかなる懐疑も起こりうる土壌」である（Schutz 1962=1983: 74, 訳 144）。

自明なものの経験は、A・シュッツによれば次のような構造をもつ。それはまず、はじめから類型的なものとして経験される。次に、自明視されている知識は社会化された構造をもつ。つまり「私にとってだけでなく、われわれ、言い換えれば「すべての人」（これは「われわれに属する各々すべての人」を意味する）にとってもまた自明視されていると想定されている」（Schutz 1962=1983: 75, 訳 145）。これによりその知識は客観性と匿名性という性格を帯びる。さらにこの領域の各要素は「無規定性という曖昧な性格」（Schutz 1962=1983: 75, 訳 146）をもつ。つまりさまざまでありうる可能性が開かれたまま、当面の目的に関連のないことには注意が払われない、という状態で経験されている。それはまた、自然で当然のこととして受けいれられているという意味で、正当なものとして受けいれられている（那須 1986: 565）[3]。

では、自明性とは誰にとっての自明性か。第一に、それを自明とする人にとっての自明性である。トートロジカルな言い方だが、重要なことである。要するに、何が自明かは「同じ」日常生活の住人の間で必ずしも一致しない。あることを自明視する人もいれば、そうでない人もいる。日常生活には「われわれ」でない者がいるということである。文書類の未既婚や性別記入欄が、多くの人びとにはほぼ自動的に書き込む欄であっても、ある人びとには困惑をもたらすのもその一例である。また第二に、それは同じ人にとっても時とともに変わりうる、「さらなる気づきが生じるまで」の自明性である。

人びとにとって自明なものは、右で見た構造によりたやすくは揺るがない堅固さを備えている。われわれの自然的態度を支配しているのは、実際的（プラグマティック）な動機であり（Schutz 1962=1985: 209, 訳 12）、自明なものは、それについて懐疑が生じていない限りにおいて特に思案したり反省したりする必要性が感じられない、つまり「熟慮という経験」（Schutz 1962=1983: 77, 訳 148）が引き起こされない。その点で実際的な観点からいわば経済的である。自明なものへの意識や態度は「無反省のメカニズム」（Kosík 1967=1977: 訳 86）のなかで自動化され反省されず、その限りで反‐可変性を帯びている。

これに対して、クレイムを申し立てることは、そのような無反省のメカニズムを停止させようとすることである。ここでいうクレイムとは、問われてこなかった「現状」を問題化する言葉の投げかけであり、その疑問視、批判、否定、改変要求である。それは人びとに対してそれまで自明視してきたことの主題化、意識化、気づき、反省、熟慮を促そうとする。

しかし、プラグマティックな動機に支配され無反省のメカニズムを生きている人びとにすれば、自分には当たり前で特に不都合のない「現状」について、他者から問題だといわれ再考を求められることは、およそ実際的でなく煩わしくさえあるだろう。単に意識させられるだけでなく、習慣としてきた考えやふるまいの変更を求められるならばなおさらであろう。

こうしたクレイムはまた「現状」だけでなく、ひいては「現状」を疑問視しない人びとをも問題化する契機を含む。問題を認識しないのは鈍感、あるいは意識が低い、問題を知りながら改めようとしないのは怠慢、そのようなことはないかのようにやり過ごすのは欺瞞……など。そうした人びとの側に何か非難すべき点があるという認識へと結びつけられうるからである。つまり他者のクレイムに向き合えば、自己が問われてしまう。これは面倒である。

しかし、自明性のうちに生きている人びとにとって、他者に問われたからといって直ちに自分にとっての自明性や自己が揺らぐわけではない。事態はむしろ逆である。「常識」は自分の側にある（との信念に支配されている）からである。人びとにとっては、クレイムに向き合うより、他者の言葉をクレイムとして受けとらないか、もしくはそう受けとってもとりあわずにすませる方が低コスト、経済的であるし、当事者視点からいわば「正当」で「理にかなっている」。「現状」に特に疑問も不都合も感じないばかりでなく、そこからより積極的に安心や安定、利益を得ていると感じるならなおさらであろう。自明性の崩壊はそれ自体不安でもある。それまで自分が生きてきた当たり前の日常が揺らぐのは怖い。そこで「現状」にしがみつく、ということもある。「当たり前のこと」は問題化されにくいのである。

つまり、人びとにとって自明性を維持することとクレイムと出会うこととは、背反の関係にある。自明の日常の維持とは、それを問題化しようとする契機、クレイムに出会わないこと、クレイムを受けとらないことである。「現状」に問題を感じている側にとっては、他の人びとのこのような対応こそそれ自体大きな壁となろう。

4　自明性とクレイムの排除

ここまでの考察で、第一に、日常生活の自明性を社会問題という図に対して地ないし背景としておく（従来の社会問題研究）のでなく、「現状」を問題化しようとするクレイム申し立てに対抗する「他者」として積極的に位置づけ、第二に、相互作用する人びとにおいて自明性とクレイムとが背反する関係にあることを概観した。

次に、社会の「現状」を問題化する試み、クレイムに対する自明性の対抗的な作用をさらに考察していく。そのためにここでは、J・バトラーの発話と検閲に関する議論を参考にする。まず、バトラーの議論がいかなる点でここでの問題への手がかりとなりうるかを示し、その上でこれをもとに自明性とクレイムの関係を考察する。

3節で示したように、クレイムに出会うことと自明性を維持することとは背反の関係にある。一方に、ある「現状」についてクレイムが申し立てられている状況を置くならば、それに対して「現状」の自明性が維持されている状況とは、クレイムが申し立てられておらず、「現状」の没問題性が保たれている状況である。ここで、「現状」が自明のものとして通っている状況を、それを問題化するクレイムがない状況として置くことにする。ところで、経験的研究としては、クレイムが申し立てられている状況にアプローチすることは、現に行われてきたように、クレイムと呼べる対象が顕在的に見えている限りで比較的容易である。しかし、クレイムがない状況におけるクレイムのなさを観察することは容易ではない。ないことに対して、通常のあるものについてと同様に言及することはできない。そこで、今後クレイムのない状況、クレイムの排除について考察していくために、さしあたり経験的にではなく、概念的にフレイムワークを考えてみる。そのために、バトラーの発話と検閲すなわち発話を見えなくしている作用についての議論がひとつの手がかりとなる。

相互作用過程でクレイムを申し立てることは、言語行為であり発話することである。〈4〉バトラーは、『触発する言葉』（1997）で発話と主体について論じるなかで、発話の検閲へと目を向ける。検閲としてわれわれが通常思い浮かべるのは、司法権力による発話の制限である。まず発話がありそれに対して検閲がなされるという見方である。バトラーはこれに対して、検閲は、発話を制限し表現の自由を主体から奪うだけでなく、生産的な権力の形である、とする見方を提起する。それは主体を形成し、発話可能なものの境界をつくっている（Butler 1997: 133, 訳 206–207）。発話可能なものと不可能なものは、検閲の形づくる境界によっていかに線引きされ、またその線はいかにして引き直されうるか。

こうした彼女の問いかけは、ここで問題にしようとするクレイムと自明性の関係を、次のような問いとして考えることを可能にする。すなわち、クレイムという発話の可能性と、その不可能性、すなわちクレイムが排除され「現状」の没問題性が維持されていること、この両者の関係をいかに捉えることができるか。また両者を分ける線引きはいかに変えられるのか、つまり不可能なクレイムはいかにして発話可能になるのか。ここでは今挙げた二つの問いのうち前者について、バトラーの議論をもとに考えていく。

検閲の、制限的なだけでなく生産的な作用をも論じるべく、バトラーは「明白な検閲（explicit censorship)」と「暗黙の検閲（implicit censorship)」という区別を提起する（Butler 1997: 130, 訳 203)。明白な検閲とは、通常想起されるような、例えば国家の政策や規制として行われる検閲である。他方、暗黙の検閲とは「発話不可能なものが語られるまえに、それを排除しようとする暗黙の権力操作」（Butler 1997: 130, 訳 203）であり、「予めの排除（foreclosure)」である。予めの排除とは、主体による締め出しではなく、主体自体がその締め出しの結果として生産されるような排除のことである（Butler 1997: 138, 訳 215)。

明白な検閲だけでは私たちが被っている発話可能性の制限を説明することはできず、暗黙の検閲の方が明白な検閲より効果をもつかもしれないとバトラーは述べる。というのも、明白な検閲はそれが締め出そうとする発話を再演してしまう。例えばかつて、「ジェンダーフリー」という言葉を教育現場で使わないように」という規制は、「ジェンダーフリー」という言葉をそのたびごとに語っていた。その結果、当の言葉を多くの人に知らしめた。「放射能のことを必要以上に心配しすぎてしまうとかえって心身の不調を起こします[5]」（文部科学省）など、放射能についてあまり心配しないように、と述べることは、「放射能をめぐる心配」という問題の存在をその都度受け手に意識させる。それに対して、暗黙の検閲では主体には検閲自体が見えない。何が検閲されているのかがわからない。以上のような発話と検閲をめぐる議論は、クレイムの発話可能性と不可能性を考える上できわめて示唆的である。

以下では便宜的に二つの次元を区別してこの問題について考える。第一に自己にとってのクレイムの可能性の次元、第二にそれが発話される社会的相互作用の次元である。

5 「予めの排除」の事後を生きる——自己におけるクレイムの可能性

3節の最後で、自明性を維持することとクレイムに出会うこととの背反を、ある事柄を自明視している人びととそれを問題化しようとする人びと、いいかえれば「われわれ」対「われわれ」でない者の間のこととして述べた。だが対外的に申し立てられる以前に、クレイムが自己にとって発話可能なものとして現れているかどうか、という次元を考えることができる。つまりここで問題にしたいのは、各人のなかの、G・H・ミードのいう「I」と「me」の内的会話、思考におけるクレイムの発話可能性と不可能性の関係である。

明白な検閲は人びとに対してある発話を禁じる。戦時中の言論統制のようにその例はいたるところにある。こうした検閲によりある種のクレイムが規制されるなら、たしかに個人のクレイムの発話可能性は制限される。しかしこの種の検閲の皮肉は、規制がその対象となる語を逆説的に呼び起こすことであった。個人にとって、ある発話は禁止されるがそれを思考のなかで呼び出すことは可能である。むしろその言葉は、個人のそして社会の知識の一部であり、明白な検閲によってかえって馴染みのものにさえなりうる。例えば、規制のキャンペーンにより「ジェンダーフリー」という言葉はより知られることとなった。そこでは何が排除されているかが明白であり、その明白さは、排除という事態をむしろ際立たせるであろう。

他方、予めの排除である暗黙の検閲では、何が排除されているかは主体に対して明白でない。それは主体による締め出し行為ではない。主体は締め出しの結果として登場する。排除されているのは、主体が主体である限り発話不可能なもの、「あらゆる行為遂行性のなかの、遂行可能でないもの」(Butler 1997: 138, 訳 215)である。人は通常、暗黙の検閲によって発話不可能であるものについて考えることすらできない。端的に、主体はそれを知らないのである。

以上の二つの検閲は、自己にとってクレイムが排除される可能性を二つの水準で示している。第一に、クレイムが思考には現れているが実際には表現されないという水準。第二に、クレイムがそもそも思考不可能であるという水準。前者はいわゆる言論統制であり表現の規制である。当の言葉はその発話を禁じられた人びとにとって知識の一部であり続ける。クレイムは検閲の作用によって意識のなかでますます明白となる。つまりクレイムは、一見排除されるが潜在し蓄積されており完全には排除されていない。他方、第二の水準では、クレイムは通常の思考可能な領域の外にあり自己に対して現れていない。人は自分が何を知らないかを知らない。この水準の排除がより徹底的なものであることはいうまでもない〈6〉。

自明なものを自明のままに経験しているということは、そこに排除がすでになされているということを意識しない、できないということである。これは、ある暗黙の検閲後にあるということ、当該のものの自明性を問題化するクレイムが思考不可能な状態にあるということである。バトラーのいう暗黙の検閲は、排除の分類カテゴリーではなく理念型であり、究極には主体にとって決して現れることのない領域があることを指し示す。ここからさらに考えるなら、排除は、内部と外部を分かつ明確な境界設定ではなく、階調をもつものと考えることができる。すなわち、何らかの契機で反省可能なものに転じる可能性があるが現時点ではその彼岸にある、という領域が段階的に存在すると考えることができるだろう。

こうした排除のあらゆる段階で、私たちは、排除されていることを知らない何ものかについて知らず、すなわち「予めの排除」の事後を生きているといえる。バトラーの議論は、自明性の経験とは、検閲、とりわけ予めの、暗黙の検閲の後にある、ということを際立たせる。私たちが自明性のうちに生きているときに、その自明性が維持されていることと引き換えに、それを問題化するクレイムは排除されており、その排除自体が私たちに見えなければ見えないほど、自明性は堅固であるといえるだろう。逆にいえば、自明性が堅固であればあるほど、クレイムの可能性は主体に対して現れない。

6 相互行為過程における発話とその意味づけ

クレイムは、たとえ発せられても、相手に受けとめられ理解されなければ目的の何かを問題化することができない。逆にいえば、人びとは発話を理解しないことによってクレイムと出会わないことができる。

一般に、プラグマティックな動機に支配されている人びとにとって、他者のクレイムに向き合うよりもそれを回避する方が経済的であることは、先に述べた。人は可能ならば自明性をそのままに生きられるような現実に固執する。その現実のなかで他者の言葉を意味づけることによって、人は当の発話者にとってはクレイムである言葉もクレイムとして受けとらないことができる。問題化しようとする事柄が受け手側にとって自明なものであればあるほど、クレイムの試みは困難である。

相互作用過程での発話の意味づけもまた同様に二つの水準に分けて考えることができる。ひとつは他の意味づけの可能性をそもそも考えることができない、そのような状態での意味づけ。「排除の見えない意味づけ」と呼ぶことにする。もうひとつはクレイムとして受けとりうる可能性に対する否定的な意味づけ。「選択的意味づけ」と呼ぶことにする。この区別は暗黙の検閲と明白な検閲に対応している。バトラーの区別は発話についてのものであり、発話への事後的な意味づけについてのものではないが、同様に適用することができる。

整理すれば、排除の見えない意味づけとは、主体に対して他の意味づけの可能性ないし選択肢はそもそも現れていない、排除自体が見えないということであり、これは主体による選択ではない。選択的意味づけとは、選択肢がその都度選ばれまた排除されるということである。この区別もまた自明性の強度とおそらく関係しており、自明性が堅固であるほど、他の意味はシュッツのいう無規定性のさらなる背後に隠されている〈7〉。

いずれにせよそれらの意味づけは、簡単にいえば持ち合わせの「常識」のなかでなされよう。選択的意味づけでは多少反省的に知識が用いられるかもしれないが。これらの意味づけを通して、他者のクレイムは、「非常識」「非現実的」「無意味」「逸脱」「意味不明」「戯れ言」などとして無効化されうる。あるいは人びとは発話者を、もはや「われわれ」ではないものとして存在ごと排除することもできる。つまり人びとは他者のクレイムに出会うことなく、自明性崩壊の契機は回避されることになる。とはいえ他方で自明性は、「われわれ」でない人びとの存在が顕在化している社会、いわばある程度「多様性」のある社会では、常に部分的には懐疑と崩壊の危険にさらされている。しかしそうした危機に瀕してはまた、「われわれ」の自明性へのより強い執着、他者のより強い否定という防御反応もしばしば引き起こされるように思われる。

さらに踏み込めば、クレイムについても、二種類の検閲に即して、明白な検閲を踏み越えたクレイムと、暗黙の検閲を踏み越えたクレイムに分けてみることができる。前者の発話、明白な検閲違反的クレイムは、端的に違反であるが、少なくとも禁を破って発話されたというスキャンダルとしての認知を獲得しうる。つまり明白な検閲は、クレイムの発話可能性についてのみならず、受けとりと意味づけの可能性についても、逆説的な効果を生じうるといえよう。それは、検閲というものの意図を裏切り、クレイムをかえって際立たせる効果をもつ。

後者の発話、暗黙の検閲を踏み越えたクレイム[8]は、人びとから容易に理解されないことをその特徴とするであろう。なぜなら定義上、暗黙の検閲が排除しているのは、主体にとって通常思考不可能、発話不可能なものだからである。それはいわば、非日常の言葉である。それゆえ、もし主体がそれを何らかの形で語りえたとしても、そうした発話は割り引かれ、主体の生存可能性は疑問視される、とバトラーはいう（Butler 1997: 136, 訳 212）[9]。このような発話を前にして、受け手がこれを理解することは容易ではない。だが、意味づけることは必ずしも困難ではない。「わけがわからない」「常識では理解できない」「頭がおかしいのではないか」とすればよいのである。バトラーはこうした発話を「非社会的なものが跋扈している発話」「「精神病患者」の呻き声」（Butler 1997: 133, 訳 208）と表現する。つまりクレイムは、たとえ暗黙の検閲を踏み越えるという困難のなかから発話されたとしても、受け手の生きる自明性を必ずしも突き崩しえない。それればかりか発話者の社会的な地位をむしろ危うくさえするのである。またさらに、それは発話者にとって自身のあり方の危機ともなる。この問題については後述する。

したがって、このような自明性のヘゲモニーに対抗してクレイムを申し立てようとする者は、クレイムを向けられる人びと同様、否それ以上に自身を問題化されるというリスクを負う。このリスクおよびリスクについて私たちがもつ知識は、クレイムを抑圧する社会条件といえる。リスクを負っても語ろうとする側の技法はここで詳しく論じる余裕はないが、さまざまである。ここでは、語り手は特に下位に置かれているとき自らの語りの性格をあえて曖昧にするスタイルで語る、とL・ミラーが指摘していたことを挙げておく（Miller, L 1993: 367）。曖昧な語り方は対決のリスクを薄め、いざとなれば発話者と受け手双方でうやむやにすることができる。これは私たちもよく知っている。

あえて曖昧にした語り、さらにその極限にある沈黙（発話しないこと）は、必ずしもクレイムとして「一目で読みとれる」（Ibarra & Kitsuse 1993: 28, 訳 52）ものではない。それゆえ、クレイムとして受けとられたなら生じたかもしれない対立や葛藤、対抗的反応としての否定や攻撃は生じず、表面上平穏なルーティーンとしての相互作用が継続していくことになる。このときの、一見自明なものの維持されている状況とは、クレイムの排除、抑圧がよりよく徹底されている状況といえる。

7　クレイムと主体

バトラーの議論は、さらにクレイムと主体との関連についても示唆的である。バトラーが主に議論するのは暗黙の検閲と主体との関連についてだが、ここでは先に明白な検閲におけるクレイムと主体との関連を考察し、その上で暗黙の検閲へと向かうことにする。

明白な検閲に違反して発話されるクレイムは、発話者をクレイム申し立て主体として顕在化させうる。先に見たように、この検閲は、違反するクレイムをかえって意識化させ、その発話をスキャンダルとして認知させるという、逆説的な効果をもつものであった。クレイムを発話することは、規制されていた潜在的なものの顕在化であり、主体はいわばクローゼットから出てカミングアウトする。クレイムを申し立てることは、それまで問題にされていないことをあえて問題化するだけでなく、発話の規制への非同調の宣言でもあるという二重の意味で事件となりうる。主体は、そのようなスキャンダルの担い手として人びとの目前にはっきりと顕在化しうる。

他方、暗黙の検閲と主体との関係は、比喩的にいってより根が深い。先ほどまで見てきたように、予めの排除が主体によるものでなく、主体はむしろその結果であるならば、定義上、発話不可能なものが排除されていることは、主体維持の条件であり、主体がそのままで発話不可能なものに到達することは不可能である。バトラーはいう。「……発話不可能なものの侵入が及ぼす結果は、自分が「ばらばらになる」という感覚から、刑事上もしくは精神医学上の監禁を保証する国家の介入にまで及ぶと言えるだろう」(Butler 1997: 136, 訳 212)。「「精神病患者」の呻き声」とは、「われわれ」の理解を超えるということである。それは発話主体に二重の仕方で影響するだろう。もしもある人がそれまで自明なものとしてきたことをあるとき問題として意識し語ろうとするならば、それがもし相互作用場面で発話されたなら、第一に、その理解しがたさによって彼/彼女は、聞き手である「われわれ」からその地位を疑われうる。さらに深刻な場合としては、正気さえ疑われるかもしれない。彼/彼女は、もはや「われわれ」の一員でなく、理解を超えた「他者」として現れる。

第二にこのことは、彼／彼女にとっては、部分的にであれ根本的にであれ自己の重大な変化であり、以前とは異なる自己になることを意味するだろう。「私」は、以前の「私」ではなくなり、これまでともに「われわれ」であった周囲の人びとから「他者」として隔絶するという経験をする。クレイムは、彼／彼女にとって発話可能性を帯びて現れることで、主体を揺るがせ変化させ、実際に発話されたときには人びとのなかでの彼／彼女の地位を揺るがすものとなる。いずれもある意味で危難であり、問題を感じることなく馴染み深いものを自明なものとして受けとり続け、自己が揺るぐことなく「われわれ」の一人でいられるならその方が不安がない。

8　今後に向けて――無反省のメカニズムへの問い

以上、クレイムとそれに対する自明性の対抗的な作用を、バトラーの発話と検閲をめぐる議論を手がかりに考察してきた。クレイムがなされず「現状」の没問題性が維持されている状況それ自体の維持、あるいはクレイムを排除し見えなくする作用は、バトラーの二種類の検閲概念を通して、明白な検閲の水準と暗黙の検閲の二水準に分けて考えることができた。その上で、自己にとってのクレイムの可能性、また相互作用過程における発話とその意味づけという二つの次元で、二つの水準を区別して考えた。

第一に、明白な検閲の水準では、クレイムは、発話されないとしても「私」の思考においてかえって際立ち、もし発話されたなら「事件」、スキャンダルとして認知されうる。またこの水準に対応する選択的意味づけにおいては、定義上、発話が実はクレイムであるという可能性に対して意味づけ側は無知ではない。実はよくわかっているにせよ、うすうす気がついているにせよ、それをクレイムとして認知する可能性に対して開かれている。したがって、クレイム申し立て主体は排除に対して、それへの非同調の宣言を伴うカミングアウトと発話の対抗的な意味づけによって争うことができる。少なくともそのように争うことは、もうひとつの水準においてよりは容易であろう。この水準では、自明性は、一見維持されているようでも、クレイムを排除することにもはやさほどの効力をもたず、むしろすでに綻び問題化されているということもできる。明白な検閲によるクレイムの排除とは、「予めの排除」に対していわば「後手の排除」である。それが発動されるときには排除されるべきものはすでに露見しているといえる。

それに対して、暗黙の検閲によってクレイムが排除されているという水準がある。そこでは、クレイムは「私」にとって思考不可能であり、したがって発話不可能であり、もし発話不可能な領域から発せられても、語ること自体容易でなく、「われわれ」に理解されづらい。それを発することは、必ずしも自明性を揺るがすことにつながらず、かえって「私」を危うくしうる。この水準では自明性は、それを問題化しようとするクレイムをより徹底的に排除しているといえる。

明白な検閲が争いのより可能なものであるなら、暗黙の検閲という水準での自明性の、反‐問題構成の作用はより強固であり、その意味でわれわれはこの水準により細心の注意を向けてみる必要があるだろう。それは、クレイムのあからさまな禁止や規制、抑圧あるいはクレイムへの反論よりも、争い困難な徹底性、浸透性をもってクレイムを排除する。

ここまでの考察に対して、次のような意見がありうるかもしれない。すなわち、クレイムが思考不可能であるということは要するに「現状」に問題がないということに他ならず、ならばそれに越したことはないのではないか、と。しかし最初に確認したように、自明性とはそれを自明とする「われわれ」にとっての「さらなる気づきが生じるまで」の自明性である。右のような意見は、「同じ」日常に問題を感じる者、「われわれ」でない者の生きづらさ、「私」のなかの「われわれ」でない「他者」、表現困難な生きづらさ、これらすべてを無視するときにのみいいうることではないだろうか。最初に確認したように、自明性は、問題を構成しようとする営み、試みに対して、壁、抵抗として立ちはだかる。ならばここで、明白な検閲というわかりやすい排除を超えて、暗黙の検閲という水準を見出し、その壁としてのよりいっそうの堅固さ、抵抗としてのよりいっそうの根深さに目を向けることは、意味があるのではないだろうか。ではそれは、経験的研究に対してどのような形をとって現れるのであろうか。

ここで、第2章で見た「とり乱し」へとふたたび目を向けてみたい。女の「生き難さ」の語りがたさ、それをわかってもらおうとわかりやすく話すことと、とり乱すこととについて、繰り返し書いていた田中美津の言葉。

「……女の話しことばは、ことばとことばの間からもれてしまうものこそ表現しようとすることばであり、それは常に生ま身の〈ここにいる女〉の生き難さ、その痛みから出発せざるをえない、いま痛い人間のことばとして、それはある」（田中 1972=2004: 84）。

ここでいわれている「ことば」とは、既存の言葉では語りえない、その時点ではいまだ発話不可能なものの領域あるいは境界にある言葉であろう。それゆえ田中は、わかりやすく話せという要求がいつも突きつけられてしまうことを「呪い」と呼び（田中 1972=2004: 190）、他方「わかってもらおうと思うは乞食の心」（田中 1972=2004: 64）として、わかりやすくという要求にわかりやすい言葉で応えようとする「〈ことばをもつ女〉」（田中 1972=2004: 88）であることから距離をとろうとする。今一度、引用したい。

「いま痛い人間は、そもそも人にわかりやすく話してあげる余裕など持ち合わせてはいないのだ。しかしそのとり乱しこそ、あたしたちのことばであり、あたしたちの生命そのものなのだ。それは、わかる人にはわかっていく。そうとしか云いようのないことばとしてある」（田中 1972=2004: 88-89）。わかりやすく話せという要求に対して、「顔をそむけ、絶句するあたしのその〈とり乱し〉」（田中 1972=2004: 88）こそが、「私」の「生き難さ」を語っているのだと田中はいう。

しかしとり乱すことはそれ自体容易ではない。第2章で詳細に検討してきた通りである。端的に私たちはとり乱してはならない。そうすることは自らの地位を危うくする。田中はそこに私たちを「とり乱させない社会の抑圧」を見た。とり乱すとは、発話可能性の領域の境界であるいは外部を志向しながら語ることではないだろうか。それは、「われわれ」にはわかりにくく（「わかる人にはわかっていく」）、端的に相互作用の円滑で没問題的な進行を（「われわれ」からすれば、無用に）混乱させるだろう。

人びとが自明視している日常における生きづらさは、それを生きづらいと感じる者によって「われわれ」の発話可能性を超えて発話されようとしている。だが、その困難に対して自明性の壁が立ちはだかる。田中が繰り返し問う、「われわれ」に「わかりやすく」話せという要求（「聞く主体としての己れを問うことなく、わかりやすく、わかりやすくを要求してくる心」（田中 1972=2004: 90））は、「われわれ」にわかりやすくないものを傲慢にも拒否することであり、それは「われわれ」の自明性をあくまで不問のままに生きる態度ではないだろうか。日常生活の自明性のさしあたり不問という地位に対して、そのどこかしらを問題化しようとする働きかけに対して、「われわれ」は自分たちにとっての自明性を維持することのうちに安らっている。

このように考えるとき社会問題研究の視野に改めて浮かび上がってくるのは、クレイム申し立てに対する反論、否定などの対抗的な営み、抑圧的な規制といった反 - 問題化作用だけではない。自らにとって自明なものを維持する「無反省のメカニズム」としての、わかりやすさの要求、複雑でわかりにくいものや曖昧なものの拒否、そうしたものへの無関心や無頓着、無自覚、倦怠（Simmel 1903=1994: 訳274）、相対主義、などの巧みな営まれ方であり、われわれの相互作用のあり方である。

注

〈1〉ここでは“construction”に基本的には「構成」を用いるが、「構築」という訳語は社会問題研究における構築主義をはじめ広まっているので、すでにある訳語をそのまま用いた方が混乱がないと思われる文脈では「構築」を使った。この理由は、拙著『「曖昧な生きづらさ」と社会』で述べた（2004: 29-30）。『ナラティヴ・セラピー――社会構成主義の実践』（McNamee & Gergen 1992）の翻訳に際して、「構築」より「構成」を選択しその理由について論じている野口裕二と野村直樹（1997）の議論も参照されたい。

〈2〉このことを逆から問うと、いかに自明性は崩壊し問題状況は現出するかという問いになる。この方向からの考察に、現象学的社会学による、Wagner（1973）、那須（1985）等がある。

〈3〉ある対象を自明視することはその対象を問題化しないこと、それを「当然のこととして受け容れる」（那須 1986：565）ことである。さらに、「……正当化には、正当化されている対象を受容すべきであるという観点が付随している」（那須 1986：565）、という那須の指摘は重要である。

〈4〉 クレイム申し立ては「……つねに発語行為と発語内行為の両方を遂行していることになる」（Austin 1962：訳 222）ような言語行為である。それはある「現状」を問題として記述しつつ、それへの注意を喚起し問題解決に向けて人びとを動かそうとする。

〈5〉 文部科学省、平成二三年六月二四日「放射能を正しく理解するために　教育現場の皆様へ」より。

〈6〉 この二水準の相違は、要はクレイムが思考に現れているか否かである。クレイムの排除が思考不可能性の水準においてより徹底的であるならば、この徹底性の深度と構造に関する考察は重要である。それは、不可能なクレイムが可能になる道筋を記述していくことにも資するであろう。この考察にはシュッツの「問題」をめぐる議論が示唆的である。彼は、フッサールの問題的可能性の概念に注目し、非問題の領野が崩壊し新たな問題が生じる過程について考察するなかで、「問題化（problematic）」と「主題化（thematic）」という概念を用いる（Schutz 1970：21–26，訳 55–60）。シュッツによれば、「問題」のギリシャ語の語源は「対象」のラテン語の語源と同じであり、ともに「私の前に投げ出される物」という意味をもっていた（Schutz 1970：26，訳 60）。現代の表現では、対象イコール問題的というわけではなく、疑わしい、疑問の余地のある対象だけが問題的である。だが、ある対象を問題にすること、すなわち思惟の主題にすることこそ、その対象を疑わしく疑問の余地あるものと考えること、その対象を自明視されている親近性という背景から分離することに他ならない（Schutz 1970：26–27，訳 60–61）。

二つの概念は、一見厳密には区別されずに用いられているように見えるが区別可能であり、両者の論理的な関係は、主題化される、それゆえに問題化されるのであって、その逆ではない。主題化は問題化の必要条件あるいは前提である。したがってここから、クレイム可能性について、二つの契機すなわち問題化と主題化により次の三つの場合を分節化できる。第一に主題化され問題化される、第二に主題化されるが問題化されない、第三に主題化されない（したがって問題化されえない）。これらの場合と、検閲の二つの水準との関係については慎重な検討を要する。さしあたり、少なくとも、予め排除されているものは、第三の主題化されない（したがって問題化されえない）ものであることは明白であり、明白な検閲により排除されているものは、検閲という作用においてすでに少なくとも主題化されているということができる。さらなる考察は今後の課題である。

なお、クレイムの可能性と不可能性の考察にシュッツの問題化に関する議論を接続しうる可能性については、本章のもととなった原稿への木村正人氏のコメントおよびその後の彼との議論のなかで教えられた。問題化と主題化という概念を厳密に区別することで問題化の水準に論理的に右の三つの場合を想定しうるという考えは、木村氏のアイディアである。心より感謝する。

〈7〉那須は、自明性の崩壊について二つのレベルを区別している。ひとつはシュッツのいう無規定性にのみ起因するもの、つまり従来の準拠枠内で問題的状況が解消する余地が残されているもの、もうひとつは従来の準拠枠を超える状況である（那須 1985: 643-644）。この区別は自明性をいかに崩すことができるか、という問題に有効な視角を与えてくれる。

〈8〉ここで、「明白な検閲違反的クレイム」に対して「暗黙の検閲違反的クレイム」ということは難しいように思い、「暗黙の検閲を踏み越えたクレイム」といっておくことにする。暗黙の検閲については、違反するということ自体、定義上そもそもできないのではないかと考えるためである。暗黙の検閲を踏み越えることは、後述するように主体が変わることを伴う。

〈9〉こうした言葉は、非日常の言葉であり、日常的な言葉を超越している点で詩的言語ということもできるかもしれない。現実世界を否定し超越する言語、その困難と変容については、桜井洋「言語の現在と聖性の所在」（1993）において、興味深い議論が展開されている。

第4章　最前線としての日常

セルトーとゴフマンの日常的実践をめぐって

1　はじめに

現代、私たちの生活は、各人差はあれ楽ではない。社会のなかで私たちは日々多かれ少なかれ無理を強いられている。個々人が抱えるさまざまな問題がある。そして社会問題は山積している。解決不可能と思えるような困難が常態化している。この社会で生きていくことは、現代独特の過酷さを帯びているように思える。それでも私たちは、よりよく生きたいと望む。現状を単に受けいれるのではなく、よりよい生、より生きやすい社会を願い、求める。では、そのためにどのようなことができるだろう。どのようなことをしているのだろう。

私たちはときに、社会のさまざまな局面を「社会問題」として捉え、公然とクレイムを申し立てる。その改善、解決を求めて行動する。だが、それだけではない。

社会学では、社会運動論や社会問題研究が、現状に公然と異議を申し立てようとする活動を「社会運動」「クレイム申し立て活動」などとして捉え、その過程にアプローチしてきた。私もまた、日常さまざまな問題を経験する者が、自らの経験をただ個人的な生きづらさや悩みとせず「社会問題」としてクレイムを申し立てていく、その可能性と困難について考察してきた（草柳 2004 等）。

しかし、いうまでもなく、社会の現状を問い直し変えていこうとする実践は、「社会運動」や「異議申し立て」、「クレイム申し立て」として誰もが認識するような活動に限らない。他方ではまた、このように捉えられる活動自体、現代では困難になっている、という見方もある。例えば、Z・バウマンは、現代の労働生活の不安定さを「力強い、個人化への強制力」（Bauman 2001: 訳 39）であるとして、それが人びとを結びつけるよりも分割し、「共通の利害」という考え方を困難にしていくと述べる。「心配、不安、不平といったものは、自分一人で苦しむべきものになった」（Bauman 2001: 訳 39）、と。もちろん実際には一人ひとりに多様な対応があるだろう。たとえ右のような状況にあったとしても、私たちはさまざまな形で、それぞれが身を置いている現状に対して疑問や抵抗を表現し、状況を変えようと日々何らかのことをしているであろう。その具体的な形式、内容は多様でありうる。

実際、どのようなふるまいが「運動」「クレイム申し立て活動」かということ自体が社会的に定義され構成されることを踏まえるならば、社会を変えていこうとする実践を、このように明白にカテゴリー化されうる「運動」「活動」に予め限定することはできない。私たちは、「運動」や「活動」として括られうるものから、そのようには到底括られえないようなものまで、さまざまなことを日常的に行っている[1]。

本章では、社会の現状を変えていこうとする実践の日常的なありようとその可能性について、セルトーとゴフマンの議論を読みながら考えていく。最初に、セルトーの日常的な実践をめぐる考察を確認し、次に、ゴフマンの全制的施設研究に目を向け、両者の議論から、私たちが日々生活する現場で、まさにその日常を生きることを通して、社会の現状をただ受けいれるのでなく、よりよいものへと変えていこうと試みる、その可能性について考えたい。全制的施設については第3節で述べる。

2 セルトーの「日常的実践」とその「戦術」

社会の現状を問い直す、現状に抵抗していく、そのような実践のごく日常的なありように目を向けていくこと。その視点から私たちの日常生活に改めて接近すること。ミシェル・ド・セルトーは、「日常的実践（everyday practice）」という言葉をもって、人びとが日々のありふれた行いを通して、抑圧的な秩序に対抗的に働きかけていく、そのありように焦点を当てた。たしかにこうした視点の系譜上にいるであろうM・フーコーを引き合いに出しながら、彼は書く。

それらが提起する問題は、フーコーがあつかった問題と似てもいるし、またその逆でもある。似ているというのは、数々のテクノクラシーの構造の内部に宿って繁殖し、日常性の「細部」にかかわる多数の「戦術」を駆使してその構造の働きかたをそらしてしまうような、なかば微生物にも似たもろもろの操作を明るみにだすことが問題だからである。また、逆だというのは、秩序の暴力がいかにして規律化のテクノロジーに変化してゆくかをあきらかにするのはもはや問題ではなく、さまざまな集団や個人が、これからも「監視」の網の目のなかにとらわれつづけながら、そこで発揮する創造性、そここここに散らばり、戦術的で、ブリコラージュにたけたその創造性がいったいいかなる隠密形態をとっているのか、それをほりおこすことが問題だからだ。消費者たちが発揮するこうした戦略と手続きは、ついには反規律（アンチ・ディシプリン）の網の目を形成してゆく。（Certeau 1980a: xiv-xv, 訳 17-18）

こうして光が当てられるのは、広く生活全般に見出されるさまざまな日常的な実践である。例えば、私たちは日々多くのものを使用し消費している。それらのほとんどは、自分で生産したものではなく、与えられているもののなかから選択したものである。だが、セルトーはいう。生産物の消費や使用はそれ自体、生産、ポイエティークである、と（Certeau 1980a: xii, 訳 14）。通常、消費は生産の対極とされる。消費が生産であるとはどういうことか。彼にいわせれば、消費者は、押しつけられた生産物をただ受容しているのではない。自分たちに都合のよいように消費し使用する。整備された都市空間、スーパーマーケットで購入する商品、報道されるさまざまなニュースや物語等々（Certeau 1980a: xii, 訳 13-14）、消費者は、押しつけられたそれらを、拒否したり改変したりするのではなく、想定外の仕方で使用することによって、くつがえす（Certeau 1980a: xiii, 訳 14-15）。これを、セルトーは、最初の「生産」に対して、使用過程のうちに隠されている「第二次的」生産（Certeau 1980a: xiii, 訳 15）と呼ぶ。「第二次的（secondary）」という言葉に、ここで注意しておきたい〈2〉。後で検討するゴフマンの議論にもこの言葉は登場する。

以上のような実践は、セルトー曰く、戦術（tactics）的なものである。戦術は、戦略と対比される人びとのやり方である。まず、戦略（strategies）とは、「意志と権力の主体（所有者、企業、都市、学術制度など）が周囲の「環境」から身をひきはなし、独立を保ってはじめて可能になるような力関係の計算のこと」（Certeau 1980a: xix, 訳 25）である。戦略は、自らに固有のものとして境界線を引けるような一定の独立した場所を前提としている。周囲から自主独立した拠点がある。これに対して、戦術は、「これといってなにか自分に固有のものがあるわけでもなく、したがって相手の全体を見おさめ、自分と区別できるような境界線があるわけでもないのに、計算をはかること」（Certeau 1980a: xix, 訳 26）である。戦術は、自分自身の場所をもたないまま、なんとかやっていくこと（"Making Do"）（Certeau 1980a: 29, 訳 89）である。しかしそれは、「自分自身のものとするにはあまりに広大で、逃れるにはあまりにも織り目の細かいシステム」の内部に「ブラウン運動」（Certeau 1980a: xx, 訳 27）を導き入れる、とセルトーはいう。その上で、彼は次のような実践に言及する。

「住んだり、路を行き来したり、話したり、読んだり、買い物をしたり、料理したりすること」（Certeau 1980a: 40, 訳 106）。たしかにここで言及されているのは、私たちが日常ごく当たり前に行っている活動であり、日々生活することそのものを構成する基本的な行いである。しかし、それらにおいて私たちが予め規定された一定の型に流し込まれていることも事実である。自明の仕方は、それ自体で規範的である。しかしまさにそこに戦術が持ち込まれる余地がある。

日常的実践の戦術。セルトーのこの概念は、「異議申し立て」「クレイム申し立て」などの「運動」「活動」として一般にあるいは公的に認知されうるような対抗的実践と、それ以外の「通常の」実践とが、図と地のように別に存在しているわけではない、ということを改めて私たちに示す。まさに住んだり、路を行き来したり、買い物をしたり、料理をしたりすること、このリストを続けるなら、服を着たり、歌ったり、食事をしたり……日々行うありとあらゆることのなかに、現状の問題性に対抗し、場合によっては公然とクレイムを申し立てるよりも効果的に実質的に現状を侵食し変化させる、そのような可能性が潜んでいる。「日常性にひそむ限りないダイナミックス」(Certeau 1980b: 訳 vii) に目を向けることへとセルトーは私たちを誘う。

3　ゴフマンのアサイラム研究

私たちは日々些細な活動を通して、日常生活の現状に対して対抗的な働きかけを試みる。このような実践をいかに捉え、その可能性について考えることができるであろうか。ゴフマンの全制的施設研究はこの問いに大きな示唆を与えてくれる。ここで、彼のアサイラム研究を通して、セルトーが見出した日常的実践を別の角度からさらに考察してみたい〈3〉。

ゴフマンは、精神障害者のための病院、ワシントンの聖エリザベス病院で一年間の参与観察調査を行い、著書『アサイラム』をまとめた。そこには、施設被収容者たちの院内生活、そのさまざまな場面における彼らのふるまいが、ゴフマン独特の視点から詳細に描かれている。私たちの日常的実践について考えていこうという今、なぜ精神障害者施設という特別な全制的施設のなかの被収容者なのかと、唐突に思われるかもしれない。たしかに、この研究は、精神障害者施設の研究として主に読まれてきた〈4〉。しかし、本書を注意深く読めば、この研究は単なる精神障害者施設の研究ではない。『アサイラム』によってゴフマンが提起しているのは、私たちすべてに関わるきわめて一般的な問題である。
それは、ある社会的単位体（social entities）への個人の関与（involvement）[5]ということ、そこでの個人の行為（action）と存在様態（being）のあり方である（Goffman 1961a: 173, 訳 183）。参与観察に基づく記述の経験的具体性に対して、この上なく一般的な問いである。社会的単位体には、国家、イデオロギー、商売、家族、人格、その場限りの会話など、通常の感覚からいえばおよそ水準の異なるものが列挙され（Goffman 1961a: 173, 訳 183）、そのことからも、彼がいかに高度に一般的な問題にとりくもうとしていたかがわかる。精神病院は、全制的施設（total institutions）の一例、全制的施設は、社会的組織（social organizations）ないし社会的単位体の一例である。同様に、患者（patients）は、被収容者（inmates）、さらには、個人（individuals）である。

　あまりに乱暴な「一般化」ではないか。そのような批判もある。例えば、誰でもすぐに思いつきそうなこととして、ひと口に「全制的施設」といっても、精神病院と他の施設、例えば、刑務所や修道院などは違うのではないか。「精神病院」にもさまざまあるのではないか（Gronfein 1999: 96-97）[6]。つまり一般的なカテゴリーによって個別具体的な事象の多様性を等閑に付している、といった批判である。実際、精神病院、刑務所、修道院や寺、寄宿学校、強制収容所等々における生活が同じであるはずはない。まして、全制的施設に強制収容される経験を、「社会的単位体への関与」などと表現するなら、刑務所に収監されるのも、ボランティアサークルに入会するのも、ある国家に属するのも形式的には同じこととなる。各施設固有の問題に関心をもつ者からすれば、暴挙といえる。

　だが、対象の捉え方は、研究関心と目的次第である。ゴフマンの関心は、精神病院と院内生活者そのものに限定されたものではなく、誰もが何らかの形で属する社会的単位体とそのなかにいる人びと、つまり私たちすべてである。患者たちの生活はあくまで「人間の社会生活の一つの事例」(Goffman 1961a: 303, 訳 299)である、として、ゴフマンは自分の狙いをこう記す。「私は主として、社会的単位体の一つの型つまり〈手段的形式的組織〉(instrumental formal organizations)を、この型の組織のクラスの一例としての精神病院から得た具体例に素材の大半を依拠して、論究したいと思う」(Goffman 1961a: 175, 訳 186)。

実際、具体的な個々の事象に依拠して、大胆にもきわめて一般的な概念を提起し議論を展開すること、あるいは逆からいえば、きわめて一般的な問題を論じるために個別具体的な事象の細部へと降りていくことは、ゴフマンがしばしば用いる方法、こういってよければ、得意とする方法である。有名な「スティグマ」概念を思い出そう。「彼に適合的と思われるカテゴリー所属の他の人びとと異なっていることをしめす属性、それも望ましくない種類の属性」(Goffman 1963b: 2, 訳 15)。このように高度に一般化された「スティグマ」概念によって、例えば顔に傷があるといった外見上の問題、アルコール依存症など生活習慣上の問題、不名誉な経歴、セクシュアリティ、エスニシティ、宗教上のマイノリティなど、異なる事情によって差別され排除される人びとの苦境について、共通する問題の核が析出された。これに対して、個々の事例に固有の問題を軽視している、と批判することも、そうしたければもちろんできる。だが、「スティグマ」概念が私たちにもたらしたものは大きい。ゴフマンは、個別事象を単に一般化することを狙ったのではない。彼は、個々の事情を超えてそこに通底する問題を析出し議論しうる道具立てを、さまざまな事例にあたりながら組み立てた。〈7〉そこから非常に汎用性の高い概念とその一般的応用可能性が社会学にもたらされた。これは、さまざまな内容から区別される形式に目を向ける、形式社会学の実践ともいえるのではないか。ゴフマンが、精神病院のフィールドワークを通して見て論じたかったのは、「普通（normal）」の日常生活を送っていると思っている私たちのことである〈8〉。

『アサイラム』で展開されている議論は、ここで目下注目しているセルトーのいう「日常的実践」「戦術」と照応し合うものとして読むことができる。『アサイラム』はまさしく、自分たちの場所ではない、セルトーのいう「他者の場所」（Certeau 1980a: xix, 訳 26）で「なんとかやっていく」人びとの姿に迫る。アサイラムとは他者の場所である。たしかにそれぞれの場所には固有の性質があり、その差は大きい。だが、その内容はさておき形式についてだけ見るならば、私たちは皆究極的には他者の場所で生きているといえるだろう。では、ゴフマンが提起した包括的で一般的な概念を通して、私たちの日常的実践はいかに捉えられるだろうか。

4　社会的単位体への個人の関与と期待される存在様態

社会的単位体への個人の関与には、それがどのような単位体であれ、共通の一般的な性質がある、とゴフマンはいう（Goffman 1961a: 173, 訳 183）。それは、個人がそこで責務を負っていると自覚する、ということである。社会的単位体に関与することは、何らかのコミットメント（傾心）とアタッチメント（愛着）を要求され、引き受けることである。これはいかなる社会的絆についてもいえる。例えば、学校や企業に所属すること、家族やサークルの一員であること、その場限りのパーティに参加することにもそれぞれ固有の責務が伴う。そこに関わるからには、一員として求められることが必ずあり、人はそれを果たすことになる。職場の一員になれば職務を遂行することが求められる、ということはわかりやすい。しかし自由参加の飲み会でも基本は同じで、いったん参加したならば、さまざまな気づかいや飲み会らしいふるまいが責務となる。飲み会で「ただ飲んでいる」ことは許されず、「楽しまなければならない」のである（穂村 2013: 30）。

ここでゴフマンはE・デュルケムに触れ、契約というものが、契約当事者の性質に関して契約とは関わりのない一群の非明示的仮定に依拠していることに言及する。すなわち、契約関係に入る当事者は、互いについて、契約を尊重するような一定の存在様態（being）にあると暗黙のうちに仮定し合っている。これと同様に、社会的単位体への関与は、その絆によって拘束された人間に関する非明示的な仮定を含む。それは、その者は自分が関与している単位体に対して一定の責務を負っていることをわきまえており、それを引き受けるであろう、という仮定である。

では、私たちは自己自身に関するこの仮定をどのように扱うのだろうか。これが次の問いである。たしかに人は自己に関する右のような仮定を必ず満たしているとは限らず、また自動的に引き受けるわけでもない。大学に入学したからといって誰もが学生としての期待をすっかり引き受け責務を粛々と果たしていくわけではない。例えば、授業をさぼって遊びに行くなどということは珍しくない。あるいは、入学してはみたものの、こんなはずではなかった、と感じてしまったらどうだろう。家族の一員だからといって、家族から期待される役割を引き受けるわけでもない。

一方の極には、社会的単位体に関与することに含意されるこの仮定を無制限に受けいれる、というあり方がある。期待される通りの者であろうとし、その責務を誠心誠意全うしようとする。心底からの滅私奉公のようなものといえようか。論理的には想定できても実際にはあまりないことのように思われる。他方の極には、期待されている存在様態を受けいれず、責務を公然と怠る、というあり方がある。例えば、大学に入学した学生が授業にまったく出席せず、単位もとらず、学校からの連絡にも応じない、といった状態であろう。単位体に関与することの内実は、それに伴う責務を引き受けることであるから、この場合、人はもはや当該の単位体に関与することそれ自体から身を引いている、事実上の関与拒否、といえるかもしれない。

以上、完全な受けいれと完全な拒否を両極とすれば、その間には、関与に伴う責務は引き受けながらも、自分自身に関する含意を完全には受けいれない、あるいは、自分に関する含意を完全には受けいれていないが責務は果たす、といった、どっちつかずのあり方がある。組織内で期待される規定の活動をしなかったり、規定とは異なる仕方で、あるいは異なる目的でふるまうことは、組織において自明のものとして期待される自己から多かれ少なかれ距離をとることである。人は、単位体の内側で、その期待から身をかわす。そうすることは「期待通り」の場合とは異なる何らかの効果を、自己と単位体の両方に生じるだろう。組織において規定された存在様態の不履行（Goffman 1961a: 188, 訳 199）。ゴフマンが精神病院のなかに見出し焦点を当てたのはこれである。

5　忠誠でも反逆でもなく――第一次的調整と第二次的調整

社会的単位体における規定された存在様態をめぐって私たちはいかにふるまうのだろうか。ゴフマンは、組織への参加について「第一次的調整（primary adjustment）」「第二次的調整（secondary adjustment）」（Goffman 1961a: 188, 訳 200）という二つの概念を導入する。

> ある個人が特定の組織に要請された活動を、それも指定の条件（中略）の下で、協調的に寄与する場合、彼は協調者に変わる。すなわち、彼は〈正常な〉、〈プログラムされた〉、あるいは生来の〈ビルトイン〉構成員となるのだ。（中略）私は個人がこのような境遇にある場合、彼は組織と第一次的調整 a primary adjustment を保っていると表現したいと思う。（Goffman 1961a: 189, 訳 200）

人が、組織において予定され期待されている存在様態を受けいれているとき、それは第一次的調整である。通常、人がある組織に適応する、というとき、あるいは社会学で、組織内である地位におかれた者がその役割を取得・遂行する、というとき、想定するのはこのような事態であろう。例えば、新入生や新入社員が学校や企業において、与えられた地位に応じて一人前の成員としてふるまえるようになること。(9) 一般にどのような組織でも成員は、第一次的調整を求められる。それを達成すること自体、各人差はあれ決して容易ではないが、その努力は促され報われる。この調整を通して、人はそこでの生活に慣れることになる。また、周りから一定程度認められる。文字通り、一人前になるのである。

しかし人は、組織にこのように適応するだけではない。第二次的調整である。これは、「組織内の非公認の手段を用いる、あるいは非公認の目的を達する、あるいは両方を同時にするかして、彼の為すべきこと、得るべきもの、かくして彼の本来の存在様態とされているものなどをめぐる組織の非明示的仮定を回避すること」であり、「組織が個人に対して自明としている役割や自己から彼が距離をとる際に用いるあらゆる手立てのこと」(Goffman 1961a: 189, 訳 201) である。期待されている存在様態を期待されているようには受けいれない。この存在様態の非受容はさまざまな形で表現される。

なお、第一次的調整と第二次的調整の間の線引きは厳密にいって難しいだろう。また、両者は、ゴフマン曰く、「調整」のすべての可能性を網羅するものでもない。だがこの区別の意義は大きい。第一次的調整では、人は組織の求めに応じる人材である。この調整の重要な特徴は、組織の安定性への寄与である(Goffman 1961a: 199, 訳 209)。第一次的調整の水準にある人びとがその責務をきちんと遂行することにより、組織は良好に機能し秩序が保たれる。それゆえ、個人の第一次的調整の失敗は、組織にとって望ましくない。第一次的調整の積極的な拒否は、組織への関与それ自体の拒否と見なされるであろう。

それに対して、第二次的調整はどうか。ゴフマンはここでさらに二種類の「調整」を区別する(Goffman 1961a: 199, 訳 210)。ひとつは「攪乱的(disruptive)」調整である。この場合、当事者の意図は、当該組織を捨てるとか、その構造を抜本的に変える、といったところにあり、その実践は組織の円滑な作動にダメージを与えることにつながる。とはいえ、これは、関与自体の拒否ではない。あくまでそのなかにとどまりながらふるまう、ゆえに攪乱的なのである。関係は維持されている、その限りで適応の一形態であり調整である〈10〉。

もうひとつは、「自制的（contained）〈11〉」調整と呼ばれる。これは、組織に抜本的変化をもたらすような強い圧力を引き込まず、既存の組織に適合的にふるまうもので、この点では、第一次的調整にも共通する。そしてこれは「攪乱回避の努力という明白な機能」をもつ（Goffman 1961a: 199, 訳 210）。つまりこれは、第二次的調整の定義通り、当該組織が個人に対して期待する存在様態を、非公認の手段や目的をもってかわすことに変わりはないが、あからさまな攪乱や対決という形をあえてとらずに狙いを達成していく。

ここに、表立っては平穏な日常が営まれながら、その実何か組織の期待に必ずしも添わない何ごとかが進行する、という「裏面生活（underlife）」（Goffman 1961a: 71, 訳 181）が成立する。ゴフマンが特に注目するのはこの自制的な第二次的調整であり、彼はこれを、セルトーと同じく単に「プラクティス（実践〈12〉）」と呼び（Goffman 1961a: 199, 訳 210）、詳しく検討した。セルトーにもどるなら、こうした「実践」こそまさに、彼が、「従いながら背く」あるいは「背くべく従う」（conform to them only in order to evade them）（Certeau 1980a: xiv, 訳 17〈13〉）と表現した、人びとの手続きと共鳴し合う。この調整、実践は、あからさまな「忠誠」か「反逆」（Goffman 1961a: 181, 訳 192）か、という両極の、どちらでもない曖昧な中間地帯に、独自の状況を創造する。

以下で、ゴフマンが病院の日常生活の観察から浮かび上がらせた、二次的調整としての日常的実践の様相を見ていきたい。

6　従いながら背く技法、去ることなく逃れる技法——日常的実践としての第二次的調整

組織には、成員の第二次的調整を生じやすいものとそうでないものがあるだろう。別の観点からいえば、成員にとって、第二次的調整へと促されやすい組織上の条件、というものがあるだろう。ゴフマンが述べたことをまとめて整理するならば、それらは、第一に、組織内のヒエラルキーとランク、第二に組織内生活の継続時間、第三に、所属の自発性、そして第四に外的誘因、である（Goffman 1961a: 201-203, 訳 211-214）。

まず、組織内のヒエラルキーでいえば、上位の構成員よりも下位の人びとの方が第二次的調整をさまざまな機会に利用するとゴフマンはいう。特権を享受できる上位者に比べて、下位の構成員は当該組織に対するコミットメントもアタッチメントも乏しい、と。これを受けてもう少し整理すれば、まず組織内にヒエラルキーがあり、その格差が大きい、という条件のあるところで、しかも組織の通常の運行から満足を得ることがより少ない立場（下位）にある人びとの間で、第二次調整は行われやすい、ということになろう〈14〉。

第二に、組織内、より物理的にはその域内で過ごす時間が長ければ長いほど、第二次的調整は生じやすい。一時間しか滞在しない人びとを一定のプログラムに従って管理するのに比べて、一日二四時間何日も何週間もそこで過ごす人びとを四六時中管理し続けることは、簡単でも楽でもあるまい。成員の側も、一時間なら多少の不満はやりすごせるかもしれないが、長期間、あるいはずっととなればそうもい

くまい。

さらに、そこに属することが自発的なものかどうかが重要であることはいうまでもない。同様に、組織内で、規定の活動への参加を動機づけるような外的誘因が提供されなければ、それに代わるものを非公式に開発しようとする動きが出てきてもおかしくないだろう。組織で関わることを求められる活動が楽しくなければ、自分たちなりに何か楽しめる要素を付け加えようとする、これは私たちもしばしばしていることではないだろうか。

以上のような条件を考慮すると、ゴフマンにいわせれば、精神病院には、第二次的調整を促進し裏面生活を展開させやすい条件が揃っている、ということになる〈15〉。このことは、私たちが日常生活を営んでいる現代社会にも当てはまるのではないだろうか。

ゴフマンは、第二次的調整のさまざまなありようを、参与観察から具体的に描き出し、それらを、ソース、場所、設備、社会構造の四つの視点からまとめている。それらは必ずしも相互に排他的なものではないし、網羅的なものでもないように思われる。ここでは、あくまで私たちに可能な実践の戦術とはどのようなものか、を考えていくために、ゴフマンの考察をさらにまとめ、「システム」、場所、人間関係の三つの角度から見ていく。

システムの利用

(1)ものの利用　ゴフマンは、入院患者たちが利用可能な物品を公式的な意図にはない仕方や目的のために利用し、予め定められた生活条件を自らの手で変えていることに目を向ける（Goffman 1961a: 207,

訳217）。例えば、枕カバーを所持品入れにする、トイレットペーパーを自家用に携帯する、支給された服を勝手に加工する、など。病院という環境ゆえあまりにもつましい例だが、こうしたことは、セルトーのいう「第二次的生産」を想起させる。与えられ押しつけられたものの消費、使用を通して、単なる受容以上のことが行われる。ゴフマンはこれらを"make-do's"（邦訳ではプラクティスの訳と同じく「便法」）と呼び、あらゆる社会的営造物でいたるところに見られるとした〈16〉。これはセルトーが日常的実践の戦術を"making do"と表現したことと重なり合う。いずれも、置かれた状況、条件のもとで手近にあるものを利用し、創意工夫でなんとかする、なんとかやっていく、という方法のことである。

⑵組織の運営システムの利用　手近なものの利用は、施設の公的世界にさほど通じていなくてもできる。だが、もっと踏み込むならば、組織内に現存するソースあるいは公的ルーティーンをより積極的に利用、搾取することが可能になる。これをゴフマンは、まさに「システムの利用（"working" the system）」と呼び（Goffman 1961a: 210, 訳220）、患者たちがあの手この手で病院システムを利用する様を描き出す。

具体例として特に挙げられたのは、「利用できる」仕事を引き受けることである（Goffman 1961a: 219, 訳227）。一般に、あらゆる組織には運営に必要な多種多様な業務があり、成員には適宜それらが振り分けられる。ゴフマンの観察では、院内には、厨房や洗濯場、図書室、運動施設などで職員の手伝いをする患者たちがおり、それぞれ仕事を受けもっていた。彼らの仕事ぶりはいかなるものか。ゴフマンの眼は、患者たちが割り当てられた仕事から自分たちなりの仕方で巧みに利益を得ていること、またその一方で当局者に対しては仕事は本来の目的のためにきちんと遂行されているという体裁を維持する様子を捉えている。例えば、職員宿舎で雑役を受けもつ患者は、日中の暇なときには職員専用のテレビを見ることができた。洗濯場で働く者は誰より清潔な服を着ていた。これらもまた些細で取るに足りないことのようだが、こうして彼らの生活条件は、声高な権利要求といった公然たるクレイム申し立て、あるいは正面対決なしに、公式に認められている水準を超えて、いわばなし崩し的に「改善」される。組織運営に貢献すべく動員されている人びとが、まさに動員され必要とされる業務を受けもつことを通して、業務本来の目的には含まれていない自分たちの生活条件の向上を図るのである。

⑶設備の利用　院内既存のさまざまな設備もまた患者たちに利用される。院内でものを持ち運んだり、自分自身が移動したり、あるいは情報を伝達したり、といった、輸送、移動、伝達の便が必要になるとき、人びとは、組織内に整備された既存のシステムをうまく活用することがある。例えば内線電話の私的利用などである。

職員用の部屋や内線電話などの設備を職員でない者が勝手に利用することは、事実上、院内の公式的な場所の区割りや立ち入り規制、使用制限が破られることである。また、こうしたことは、人間関係の公的な線引きをも横切り、職員と患者、患者間などに引かれているはずの一線を超えて非公式の関係がつくられる機会ともなる。またそうしてつくられる意図されていなかった関係が、さらなる「システムの利用」の機会を増大させる。

最初に触れた、手近な物品の本来の目的外利用も含めて、こうした戦術をまとめて「システムの利用」と呼ぶことにする。〈17〉ゴフマンが見出した割り当て仕事の活用に即していえば、仕事を割り当てられるということは、管理者からその働きを当てにされるということであり、いいかえれば、その者は、第一次的調整ができている。組織が求める存在様態に一見適合的にふるまうことができる。そうして組織の中で一定のポジションを確保しながら、しかし人はそれだけにとどまってはいないのである。組織の通常の運営システムは、システムによって管理されているはずの被収容者によって同時に彼らの目的のために巧みに利用されうる。

場所の利用

第二次的調整において、場所は重要である。なぜなら、あらゆる実践は、必ずどこかの場所で行われるからである。ゴフマンは、特定の種類の活動が進行する場所を「社会的営造物（social establishments）」（Goffman 1961a: 3, 訳 3）とまたもや高度に一般化する。あらゆる社会的営造物、すなわち建物や一続きの部屋などは、区割りされ、公開の対象と度合いが定められている。例えば、大学のキャンパスは、関係者以外の者の入構を制限しているが、関係者にも一様に公開されているわけではない。地位に応じて、自由に立ち入り可能な区域、立ち入りが条件付きで許可される区域、立ち入り禁止区域などが事細かに区別され、複雑に編成されている。場所によって許される行動も当然異なる。

ゴフマンによれば、全制的施設では、被収容者は自分の生活する世界を三つに分割されていると見る傾向があるという（Goffman 1961a: 227, 訳 234）。第一に、立ち入り禁止区域、第二に、被監視空間（surveillance space）、そして、解放区（free space）である。立ち入り禁止区域は、説明するまでもない。第二の被監視空間とは、そこにいることはできるが、営造物の通常の権威と制約に従わなければならない空間（Goffman 1961a: 228, 訳 235）である。開放病棟の患者にとっては病院の大部分がこの区域である。

第三の解放区とは、「通常レベルの監視と制限が際立って減少する物理的に区画された空間」(Goffman 1961a: 230, 訳 237)である。被収容者が監視の目を気にせず、禁じられた活動に従事できる空間であり、管理者はこうした場所の存在を知らないか、知っていても近づかないか黙認している(Goffman 1961a: 230, 訳 237)。通常の公式のパフォーマンスが演じられる場所を表局域とすれば、ここは裏局域、すなわち「抑制された事実が現れる」(Goffman 1959: 訳 131)場所である。ゴフマンの観察した病院では、手洗いや建物の裏手、その他さまざまなちょっとした空間が解放区となっていた。

注目したいのは第三の範疇である。解放区で人は、組織で期待される責務から一時的にせよある程度自由になる。そこは、監視からの避難所というだけでなく、非公式の社交や情報交換の場としても機能しうる。割り当て仕事の持ち場が解放区となることもある(Goffman 1961a: 235, 訳 241)。

個人がその中で生きなければならない環境が気分に合わなければ合わないほど、様々な場所が解放区という性質を帯びてくるのはいっそう当たり前のことになる。(Goffman 1961a: 238, 訳 243)

解放区では、通常の監視のもとでは差し控えられるような実践が秘密裏にあるいは堂々と行われうる。それによって、攪乱的であれ自制的であれ、さらなる第二次的調整の可能性が広がる。解放区がその機会と可能性を空間的に支えるのである。

そこはしかも、あくまで内部であって外ではない。セルトーの言葉をまたここで引けば、解放区において人は「去ることなく逃れる(They escape it without leaving it)」(Certeau 1980a: xiii, 訳 15)ことができるのである。

その意味では、そもそも解放区なる場所を、「他者の場所」である社会的営造物内に事実上つくりだすことは、それ自体「システムの利用」ともいえる。組織によって規定され区割りされた空間の一部を本来の目的から巧みに切り離し、支配と監視の死角とすること。そうした場所をもつこと自体が、第二次的調整であり、またその場所はさらなる第二次的調整の温床となる。システムの利用としての、敷地内空間の解放区化。他者の場所の一角を勝手に占拠し利用すること[18]。場所の利用もシステムの利用のバリエーションと見なすことができる。

人間関係のネットワーク

ゴフマンは、裏面生活における他者の重要性を強調する。「個人は、他人の努力を自分自身の企図の中に定常的に組み入れ、（中略）自分の第二次的調整の範囲と規模を大きく増大させることができる」（Goffman 1961a: 263. 訳 262）。ありていにいえば、他者の力を借りればできることの幅が広がる。これは争う余地がない。おそらくどのような実践でも、他者の力を当てにできるかどうかの差は大きい。

ゴフマンは、病院で見られた他者の努力の「利用」の仕方を、私的強制、経済的交換、社会的交換の三つに分けて記述した。私的強制は、説明するまでもない。ゴフマンの観察では、重症で反抗する力のない患者が強い者から身勝手な扱いを受けていた。これはウェーバーの定義による権力を弱い立場の者に対してあからさまにふるうことであり、目下の関心である日常的実践の方法としては適切でないといっておきたい。第二の経済的交換は、端的な取引である。公式的には禁止されている物品・サービス——例えば酒など——が、院内でひそかに取引されていた。さて、経済的な交換では、あくまで取引の成立と履行が第一義的に重要であるが、第三の社会的交換はそうではない。社会的交換で重要なのは、関係それ自体である。ゴフマンはいう。社会的営造物内での生活がつらければ、同じ境遇におかれた者同士、何らかの一体感や共感が生じうる。つらい境遇にある他人に対して、人は援助の手を差し伸べたり、気にかけていることを示したりする。そこで、患者間や患者と看護師間などに、公式的に規定された関係性を超えて、好意や支持、友情、連帯感や、庇護‐被庇護の関係などが生じうる。

以上に挙げたような三通りの関係は、相互排他的なカテゴリーではない。ひとつの関係を三つのどれかに分類することは難しい。三つを区別することにも無理がある。例えば当事者の一方にとって庇護であることが、他方にとって強制である、といった関係はありうるだろう。

しかしここで重要なことは、社会的営造物内の日常には、公的に意図された関係とは異なる人間関係のネットワーク、連帯の絆が創発する可能性が常にある、ということであり、また、その可能性を捉えて関係を積極的に形成することができるということ、さらにそうしてつくられる関係は第二次的調整の可能性を広げ、またこの調整を通して新たな関係が創発しうる、ということである。そしてまた、公的に規定されている以上の関係を他者との間に築くことそれ自体、公的に期待される存在様態とは異なるものへと自分自身や他者を動かすことである。例えば、もしも患者が管理者との間に特別な関係を築くなら、そのとき管理者は管理者としての公的責務を単に遂行するだけの存在ではなくなっている。期待される存在様態からの離反は、こうして非公式のネットワークの形成とともに呼びかけられ、ネットワークを感染経路として広がっていくことになる。こうしてつくられる関係が裏面生活を育み支えていく〈19〉。第二次的調整は、人びとが互いの努力を「利用」するときにより強力なものとなることはいうまでもない。

以上、ごく簡単にゴフマンが精神病院のフィールドワークにおいて観察した実践の戦術——場所の利用も含めた「システムの利用」のさまざまな方法と、非公式的な関係の形成と「利用」——を見てきた。これらが精神病院に固有のことでないのは、もはやいうまでもないだろう。もちろん、現代日本で日常生活を送る私たちの多くは普段、枕カバーを所持品入れにするような状況におかれてはいない。ゴフマンの観察事例から得るべきは、実践の個々具体的な内容ではなく、個別の例からゴフマンが引き出した、第二次的調整としての実践の一般的な形式である。日常のいたるところで、私たちは、「押しつけられている」そこにあるもの、設備、場所、既成組織の円滑な運営を支えるシステムそれ自体を「利用」し、他者との間に公的に規定された水準や範囲を超えた関係をつくりながら、社会的単位体の生活条件を変えていくことができる。厳しい条件下にあってもその可能性がたえず追求されている様をゴフマンはフィールドワークの中から浮かび上がらせたのである[20]。

7 「私」を生きる術

社会の現状を変えていこうとする私たちの日常的な実践について考えるべく、セルトーが提起した「日常的実践」を糸口として、ゴフマンの『アサイラム』における「第二次的調整」に関する議論をたどってきた。ゴフマンが描いた人びとの第二次的調整は、「日常的実践」の戦術的なあり方と響き合う。

セルトーはゴフマンの"make-do's"と同様の言葉、「"Making Do"〈21〉／使用法と戦術」と題した章において書く。

なんとかして抑えよう、隠しておこうと対策を立ててみても、隠れ作業（またはそれに等しいもの）は、そこかしこにうまくもぐりこんで、ますますはびこることになる。（Certeau 1980a: 29, 訳 89）

文学において「文体（スティル）」や書きかたを変えるのとおなじように、「もののやりかた」も――歩いたり、読んだり、ものを作ったり、話したり、等々の――いろいろな差をつけることができるのだ。このような行動のスタイルは、第一次的にそれを規格化する領野（たとえば工場のシステム）でうまれてくるものにはちがいないが、別の規則にしたがい、第一次的なものに付着した第二次的なもの（たとえば隠れ作業）を形成するような、あるうまい手法をそこにもちこんでくるのである。（Certeau 1980a: 30, 訳 90）

社会的単位体のなかで営む日常生活において、私たちは、そこで求められ与えられる自己と生活を、そのまま受けいれるのではなく、より生きやすいものへと変えていくことができる。ゴフマンが第二次的調整として描き出したのは、その具体的かつ文字通り実践的な方法、セルトーのいう戦術である。

「私」であること

では、こうした日常的実践へと人を向かわせるものは何か。

ゴフマンに従えば、そもそも第一次的調整と第二次的調整は、組織において期待された存在様態の受けいれをめぐる二つの異なる対応であった。第二次的調整は、自分の欲求を否定するような環境におかれた者がその欲求を満たそうとして対抗する、といったような、便宜的なものではない。ことは、組織のなかで自明のこととして求められる存在様態について、それをそのまま受けいれることができない、という抵抗感に関わっている。ゴフマンは書く。

私は、この種の頑強な抵抗は防衛という個々の事態に対応した機制ではなく、むしろ自己に本質的な構成要素をなしていると主張したい。(Goffman 1961a: 319, 訳 315)

抵抗は自己に本質的な構成要素である、とは。私たちは何らかの社会的単位体に帰属してしか生きられない。しかし単位体への「全面的なコミットメントとアタッチメント」は、ゴフマンにいわせれば、「一種の自己喪失(selflessness)」(Goffman 1961a: 320, 訳 317)なのである。現代社会で私たちの多くは、所属する社会的単位体に適応しきって自己を失うということができないだろう。だが、そのこと、つまり自己を喪失するまでに全面的に社会的単位体に埋没しえないということが、私はどうしようもなく私である、ということを証している。

一個の人間であるというわれわれの意識が、より大きな社会的単位体に帰属することに由来するものであるならば、われわれが自己を所有しているという意識は、その引力に抵抗するときのさまざまな些々たる仕方(the little ways in which we resist the pull)に由来する。われわれの地位が世界の堅固な構築物に裏づけられているとすれば、われわれの個人的アイデンティティの意識は往々にして、その世界の亀裂を住処としているのである。(Goffman 1961a: 320, 訳 317)

第二次的調整は、この「私」の否応ない抵抗感に根ざす。それは抵抗のさまざまな表現である。拘束的な全制的施設とより自由な組織とではもちろん、その表現の余地、内容は異なるであろう。それでもこの形式は、人が一個の人間として社会的単位体に属するところでは常にみられるであろう。

かくしてゴフマンのこの議論に従うならば、人は誰でも、自らの帰属する社会的単位体に対して、第一次的調整にはとどまりえず、第二次的調整へと向かう理由を有していることになる。それは、私が私であることを支える要件であるとさえいえるだろう。とはいえ、誰もがその帰属先である単位体において自動的に第二次的調整に向かうというわけでもあるまい。第二次的調整は、存在様態の不履行を表すアクション、あくまで「実践」である。いかにふるまうか、という選択の問題である。

「調整」をめぐるいくつかの選択

全面的には溶け込めないという抵抗感を抱きながら関与している社会的単位体において、いかにふるまうか。この選択の問題を、ゴフマンは、人は社会的単位体と自己との関係をいかに「調整」するのか、という課題として論じたのであった。

改めて整理すれば、この課題へのとりくみ方には大きく三つの方向がある。これは、社会的単位体が私たちに求めてくる自己をそのまま受けいれることはできないという抵抗感、違和感への三つの異なる対応といいかえることもできるだろう。

第一の方向は、所属する単位体で期待される自己を受けいれようとすることである。組織の今ある状態を受けいれそこに自分を合わせよう、積極的に溶け込もうと努力すること。第一次的調整にあくまで徹する、ということであろう。抵抗感、違和感を完全には払拭できないとしても、ある程度まで低減していくことはできるかもしれない。この先にあるのは、ゴフマンにいわせれば「一種の自己喪失」である。

第二の方向は、右とは逆に、期待される存在様態の受けいれを全面的に拒否することである。この場合、人は事実上、当該単位体に関与することそれ自体から身を引いている。いいかえれば社会的単位体との関係を事実上絶つのだが、しかしこれには可能な場合とそうでない場合がある。

一方で、単位体が全制的なものではないとき、例えば生活時間の一部を過ごすだけの場ならば、この方策は可能であり有効でもありうるだろう。立ち去る（leave）外部があるからである。退職、退学、退会、退去、脱走、逃亡、遁走、理屈の上では可能である。ただし、それでも難はある。「ここではないどこか」へと去るとすれば、その「どこか」は「ここ」よりよいところでないと意味がない。よりよいところに帰属先を変えられるならばそれでよいが、そうでないと、どうなるのだろう。ひとつの単位体との関係を絶ち、また次もままならない、として同じ方策をとり続けるなら、人は落ち着く先をもたないまま、よりよい「どこか」を求めて放浪し続けることになるのだろうか。ゴフマンの論に従えば、自己は、喪失しない代わりに支えを欠いた不安定なものとなろう。そうなるとすれば、寄る辺ない自己の支えを人はどこに求めるのだろう。これにもいくつか可能な選択肢があるだろう。例えば、自分の意のままになりやすいごく限られた関係性に自足する。あるいは拘束性が希薄で、期待される存在様態が漠然としていかようにも解釈でき、これといって具体的な責務を負わなくてすむような、より大きく茫洋とした、あるいは抽象的、観念的、といった類の単位体にことさら強い帰属意識をもつ、など。

他方で、より全制的な単位体、例えば「社会」といったような単位体では、この全面拒否という方策は困難である。立ち去るべき外部がない。内にとどまりながら可能な限り撤退する、擬似的撤退という形はあるかもしれないが、とどまるしかないところで、それに関与することを拒否するというあり方には、手詰まりな感は否めない。

第三の可能性は、社会的単位体のなかで、そこに関与しながらも置かれた状況を自らの実践を通して操作しようとする道である。ここに、第二次的調整、日常的実践が展開される余地がある。いかなる社会的単位体も、そこに参加する者にとって考えうる最良のものであると考えられていることはあまりないのではないか。常にさまざまな問題がある。つまり、現状をそれぞれの考えうるよりよいもの、そこに関わって生きていく上で自分にとってより生きやすいものに変えていく余地がある。第三の道は、この改変に積極的に関わっていく選択である。

そしてこれにも大きく、攪乱的、自制的と、二通りの方法があることが示された。前者は、定義上、関与する単位体を抜本的に変えるべく、当該組織の円滑な作動を崩すことにつながっていく。当然相当のエネルギーが要るであろうし、当事者の負うリスクも大きい。この方法を選択する者には、それ相応の強力さが必要であろう。他方、後者は、日常生活のなかで、既成システムをむしろ利用する。それを組織の既定の文脈から異なる文脈へと引き込んで使いこなしながら、そしてまた同一組織内の他者との間に非公式の関係をつくりながら、なんとかして社会的単位体の期待や要求を日々かわしつつ出し抜いていく、という実践である。日常的実践として、セルトー、ゴフマンがその可能性を論じたのがこの方法であった。

8　日常的実践、生きる術（An Art of Being）

セルトーは書く。

否応なくそこで生きてゆかねばならず、しかも一定の掟を押しつけてくる場から出てゆくのではなく、その場に複数性をしつらえ、創造性をしつらえるのだ。二つのものの間で生きる術（an art of being）によって、思いがけない結果を引き出すのである。（Certeau 1980a: 30, 訳 91）

他者のゲームすなわち他人によって設定された空間のなかで戯れ／その裏をかく無数の手法が、細く長くねばりづよい抵抗を続ける集団の活動の特徴をなしており、彼らは、自分の空間をもたないため、やもなく既成の諸力と表象の織りなす網の目をかいくぐってゆかねばならない。使えるもので「なんとかやってゆかねば」（make do）ならないのである。（Certeau 1980a: 18, 訳 71–72）

複数性をしつらえ、創造性をしつらえる、とは、状況は現にあるものだけが唯一の可能性ではなく、別様でもありうる、という、他の可能性への想像力をもつことであり、また、現にあるものはなんとかすれば変えられるとしてその何かを実際にしてみることであろう。トートロジカルだが、他の可能性を想像できるということは、現にある状況に全面的には専心しないということである。社会的単位体のなかで求められる存在様態を完全には受けいれないということ、その抵抗感にあくまで根ざすことは、したがって重要である。

そしておそらく、現状とは別の状況を実現できる、という見通しは、実践課題が壮大なものであるよりも、より小さく分割されているときの方が立ちやすいだろう。組織の体制を抜本的に変えるような革命を起こすことに比べたら、組織内で期待されている役割に想定外のやり方を持ち込むことは、そうしようと思えばおそらくできる、少なくともより実現可能性が高い。当たり前のこととして、実際的に考えれば実践課題は細かく小さく割るととりくみやすい。つまり、何かを実現しようとするとき、非日常的で特別な、大きな課題として挑むという方法が一方にあるとしても、他方では、それを日々のこまごまとした実践のなかに紛れ込ませ、日々一つひとつ実行する、という方法がある。もちろん両者は連続線上のものであるが、まさしく日常的実践ゆえにできることがあるのである。

ならば、具体的な術、戦術を私たちはいかに繰り出すことができるのだろうか。ゴフマンは指摘する。システムを効果的に利用するにはシステムについての深い知識が必要である（Goffman 1961a: 211–212, 訳 221）、と。実際、その通りであろう。システムの動きに通じていればいるほど、それを利用する機会と可能性は拡大する。タイミングを捉えることは特に重要である、とゴフマンはいう。いつどこで何が行われているのかがわかってはじめて、人はそれを役立てることができるのである。セルトーも同様に述べている。「戦術は、場所をもたないため、時間に依存する。なにかうまいものがあれば「すかさず拾おう」と、たえず機会をうかがっている。手に入れたものがあっても、ずっともっているわけではない。それを何かの「機会」に変えるために、起こる出来事をいつも操作しなければならない。弱者は自分の外にある力をたえず利用しなければならないのである」（Certeau 1980a: xix, 訳 26）[22]。

よりよく知るための効果的な方法とは、そこに入りこむことである。入りこむとは、当該組織の成員となること。第一次的調整によりそこに参加することである。実はここに組織にとっては皮肉な逆説がある。

ここに一般化しうる含意がある。恐らく、営造物がその構成員に参加することを義務づけているかあるいは許容しているあらゆる活動は、当該組織にとって潜在的な脅威である。(Goffman 1961a: 312, 訳 308)

あらゆる組織にとって構成員の参加は、必要不可欠なことでありながら、同時に脅威を抱え込むことに他ならない。

全制的施設の研究は、また、フォーマルな組織には、資材庫、病室、厨房、高度の技術的労働の行われる場所など、諸組織に共通の弱点が多々あることを指摘している。このような場所は湿った隅であって、第二次的調整が繁殖し、当該営造物にはびこり始める場所なのだ。(Goffman 1961a: 305, 訳 301-302)

事実的にも比喩的にも、ここで挙げられているような場所を欠くような社会的営造物はありえない〈23〉。これらは私たちの日常的実践の可能性を、反対の側から述べているに他ならない。

ここまで、その可能性を概念的に考えてきた。具体的にはそれこそ無数の実践がありうる。その個別具体的なありようについて一つひとつ述べることはできないし、もし何かを例に挙げるとしてもそれはとてもありふれた小さな事柄となろう。

公的に現にある状況に対して、別の状況を想像し創造しようとすること。そのために現にある状況のなかにすでにあるものを利用し、それを想像された別の文脈のなかに引きいれ、別の新たな状況をつくりだすための支点とすること。こうしたことを、セルトーが挙げたように「住んだり、路を行き来したり、話したり、読んだり、買い物をしたり、料理をしたり」といった日常生活のなかのごくありふれた実践のなかで実現すること。例えば、A・B・ハーパーは、黒人でヴィーガンである女性が食べるという実践を通して、いかに自らの身体を脱植民地化し、レイシズムとネオコロニアリズムに抵抗しうるか、を問う（Harper 2010: xv）[24]。

こうして日々の当たり前の実践の一つひとつが、他の現実の可能性への最前線になる。このような考えは、異議申し立て「運動」や「活動」の意義を否定しようとするものではない。だが、もし「運動」「活動」をしていなければ、「何もしていない」「何もできない」に等しいという考え方があるとすれば、それに対しては、前提にある「運動」や「活動」こそが特筆に値する実践であるという考えとともに、そうではない、といえる。また個人にとって、「運動」や「活動」に従事するときと、そうでない単なる決まりきった日常がある、というのでもない。

日常的実践の可能性に目を向けるということは、むしろ生活のあらゆる瞬間、あらゆる場面の今ここが、「日常性にひそむ限りないダイナミックス」を顕在化させる契機であると捉えることであり、そこで、いかにふるまうかが問われる、と考えることである。現状をよりよいものに変えることのできる可能性は、日常の一瞬一瞬にある。例えば、話したり、読んだり、買い物をしたり、料理をしたり、食べたり、服を着たりすること……。どんなに些細で取るに足りないと思われる実践のうちにも、「ものごとをあやつり（マニピュレ）、享受して楽しむ術（an art of manipulating and enjoying）」（（　）内筆者補足）（Certeau 1980a: xxii, 訳 32）がある。

注

〈1〉 中西新太郎は、「アンダークラスでも国民でもなく——若者の政治的身体」のなかで、「政治的に無関心な日本の若者たち」という通念について論じ、こうした通念や若者評価を、若者自体のあり方の問題としてでなく、若者を政治的に無関心な者たちとして認識する側の問題として、すなわち、若者の政治的な表現に対する感度、「彼ら彼女らの政治性を受けとめる社会の側のセンサー」の脆弱さの問題として考察している（中西 2011: 310）。旧世代に馴染みの運動のようには必ずしも現象化しない、さまざまな「政治的身体」のふるまい、それらが感知されていないことを問題化している。本章でも、「運動」や「活動」として認識しやすい実践だけに注目せず、私たちが日々試みうるさまざまな実践の可能性に対して視野を開きたいと考えている。

〈2〉 ただし邦訳では、"secondary production"という言葉に対応する訳語が抜け落ちている。

〈3〉 セルトーは、日常的実践の形式を把握する上で、社会学の諸研究を参考にしたとして、ゴフマンの諸著作を挙げている（Certeau 1980a: xv, 205, 訳 20, 397-398）。

〈4〉 例えば、ゴフマンに関する主要論文を収録した三巻本『アーヴィン・ゴフマン』の第三巻に集められた「スティグマ、精神病、全制的施設」に関する諸論文でも、『アサイラム』は精神障害者施設、全制的施設研究として主に論じられている（Perry 1974, Davies 1989, Gronfein 1992, Weinstein 1994, etc.）。そのなかの「アサイラム再訪」（Peele, Luisada, Lucas, Rudisell, and Taylor 1977）は、二〇年後に同病院を再訪し、観察結果を紹介するものである。彼らは、本章でこの後詳しく検討する第二次的調整に焦点を当てた観察を行っているが、あくまで院内の問題としてこれを扱っており、その関心はゴフマンが念頭においていた一般的なテーマには向けられてはいないように思われる。最近では、雑誌『シンボリック・インタラクション』のゴフマン特集号で、シャリンがアサイラム研究を振り返っているが、あくまで精神病との関係においてである（Shalin 2014）。こうしたことから、逆に本章のような『アサイラム』の読み方はアサイラムへのアプローチとしては主流ではない、ということができるだろう。しかし、本文にも書いたように、ゴフマンがきわめて一般的なテーマを念頭におきながらこの研究をまとめたことは、本書を読む限り疑いえない。

〈5〉第1章でもとりあげた「関与」の言語"involvement"は『アサイラム』当該箇所で「包絡」と訳されている。この訳語は、「包絡線」という数学用語を除けば、広辞苑など一般的な日本語辞書では見かけず、そのような日本語が一般に通用しているのかどうか定かでない。ここではより一般的な訳語を当てた。

〈6〉グロンフェインによれば、ゴフマンの精神病院に関する研究は多くの批判を呼び、それらはほとんど敵対的（hostile）ともいえるものであった、という。詳しくはGronfein（1999: 96–99）。

〈7〉ゴフマンの方法については、Williams（1988）の議論など。

〈8〉ゴフマンの『アサイラム』は、しかし当初、まさしく精神病院の参与観察研究として読まれ、出版以後、精神病の社会的側面に関する文献として最も頻繁に引用される本のひとつとなったといわれる（Peele, et al. 1977: 184）。こうした読み方においては、ゴフマンが展開している一般的、あるいは理論的な議論は関心の焦点とはなりにくい。他方で、ゴフマンについてより理論的な関心をもつ読者は、『アサイラム』よりも『行為と演技』や『集まりの構造』といった、明らかにより理論的な著作の方に目が行く。ゴフマンの著作のなかでも『アサイラム』の一般的問題はあまり日が当たってこなかったように思われる。ここで見ていくように、一般的な水準に焦点を当てているものとしては、Ewick and Silbey（2003）が興味深い。

〈9〉学校や企業は、生活時間の一部だけを過ごす場所だが、全制的施設は、その定義上「生活の全局面が同一の場所で同一権威にしたがって送られる」（Goffman 1961a: 6, 訳 6）場所である。この違いは、調整を行う側にとって大きい。

〈10〉実際問題として、精神病院など全制的施設においては被収容者はそこから好き勝手に離れることはできないし、また一般に、人は「社会」の外に出ることはできない。定義上、「生活の全局面を送る」場所に外部はない。否応なくとどまらざるをえないのである。

〈11〉邦訳では「自足的」と訳されている。英語の“contain”は、何かを一部に含める、感情を抑える、有害なものが広がったり悪化したりするのを抑える、といったことを意味する（オックスフォード現代英英辞典）。日本語の「自足」は、自分の必要を自分で満たすこと、やたらに欲しがらず、現状にみずから満足すること、例文として「安穏な生活に自足する」（広辞苑、第五版）である。この訳語によって、ここでゴフマンが説明する調整を理解することは困難であるように思う。第二次的調整は、むしろ「現状にみずから満足」しえない、つまり現状に「自足」しえない人びとの戦術であろう。
なお、引用文で邦訳のあるものは、原則として邦訳を参照しているが、右のように、必要に応じて訳を一部変更した。

〈12〉邦訳では「便法」と訳されている。

〈13〉邦訳では「それに従いながらかならずそれを反転させる」（訳 17）。

〈14〉ただし、最上位の者たちの間にも、特権を利用した第二次的調整が起こりやすい、とゴフマンはいう。

〈15〉ここでゴフマンは、組織の規模について特に言及していない。ジンメル（1908）が集団の性格を左右するものとしてその量的規定を重視していたことを思い起こすと、この要因を無視してよいのか、と疑問がわく。
ちなみに、前掲のグロンフェインは、ゴフマンの全制的施設モデルが当時すでに時代に合わなくなってきていたというワインスタイン（Weinstein 1994）の批判に触れ、規模の問題に言及している。ゴフマンが参与観察した当時、聖エリザベス病院は七千人以上の被収容者を抱える大規模施設であった。だが、その後、精神病院の小規模化が進んだという（Gronfein 1999: 97）。

〈16〉なお、ここでは精神障害者施設におけるゴフマンの観察とその記述について、それが施設内の「実態」をどこまで捉えているのか、といった観点から問うことはしていない。それは本章の関心ではない。ピールらは「アサイラム再訪」のなかで、「病院の諸事物の「公式に認められていない」利用」（Peele et al. 1977: 188）を含め、ゴフマンが観察した第二次的調整が二〇年後の当該施設でどれほど観察できるかを調査し、調査期間中に第二次的調整の見られた件数を、患者の症状や入院期間などの別にまとめている。しかしこのような調査は、本章にとってはさしあたり重要な関心事ではない。ここでは、ゴフマンが観察からつくりあげた概念、その概念が可能にする発想に関心がある。極論すれば、たとえ「病院の諸事物の「公式に認められていない」利用」の事例が追加調査で観察されなかったとしても、ゴフマンが書いていることの本章にとっての意義はほとんど揺らがないであろう。

〈17〉ここで身のまわり品の目的外利用をもシステムの利用にあえて含めるのは、被収容者にどのような物品をどのような目的のためにどれだけ支給するか、彼らが何を使ってよいかを規定し管理しているのも、他でもない当該の組織だからである。

〈18〉大学のキャンパスや公園など「他者の場所」の利用とその意味について、渡邊太は『愛とユーモアの社会運動論』(2012)において興味深い事例を挙げ、議論を展開している。参照されたい。

〈19〉ゴフマンは、全制的施設で人びとがさまざまな制約を超えて、隠密なコミュニケーション・システムをつくりだすことにも触れている。例えば、対面的状況で、第三者に気づかれずに表情や身振りによって意思疎通を図ったり、既成のコミュニケーション・システム——例えば内線電話——を自分たちの目的のために利用するなど。

〈20〉私たちは文化人類学の成果からも学ぶことができる。例えば、人類学者ジェイムズ・C・スコットは、「農民による抵抗の日常的諸形式」として、相対的に弱い立場におかれた者たちが行うさまざまな抵抗実践に光を当てる。労働において、さぼること、面従腹背の態度をとること、重要とされていることに無頓着であったりすること等々。公然とクレイムを申し立てるのではなく、デモや直接対決に臨んだりするわけではない。しかしスコットは、そうした行いを、「真に耐久性ある、弱者の武器」(Scott 1986: 31)であるという。スコットらが見ている現実に対して、現代日本の現実は様相をかなり異にしているかもしれないが、彼らの議論には、ゴフマン同様、現代日本社会と私たちの日常について深く考えさせる汎用性と力がある。スコットの議論には、本書5章でも触れる。

〈21〉「なんとかしてやっていくこと」と邦訳されている。

〈22〉この引用でセルトーが戦術の非場所性に言及していることは、ゴフマンが場所を重視していたことと矛盾しない。独立した場所がないにもかかわらず、なんとかやっていかなければならない。ゴフマンが見た患者たちが置かれていたのはまさにそうした状況だった。

〈23〉これに対して、監視社会は、テクノロジーを駆使してこうした死角をつぶしていく（Lyon 2001）。だが死角のない場所はありうるだろうか。

〈24〉ハーパーの問いに呼応するように、M・ダニエルは、食べることが政治的な表明となりうること、経済的社会的政治的なエンパワメントに向けた闘いの武器となりうることを語る（Dannielle 2010: 48）。他にロイド－ペイジ（Loyd-Paige 2010）、フィリップス（Phillips 2010）、マクナミー（McNamee 2007）など。日々何をいかに食べるかは、それ自体きわめて政治的なふるまいとなりうる。そうした実践は「フード・アクティヴィズム」（Siniscalchi and Counihan 2014）と総称される。スローフード運動も然り（Petrini 2005、島村・辻 2008 等）。日本でも近年の食と政治的態度の関連を考察したものとして速水（2013）が興味深い。

また、朝日新聞は、「原発と私と私たち」と題したオピニオン欄（2013.4.4）で、「有機無農薬栽培の野菜でつくった料理を出したり、第三世界の物品を適正な価格で販売したりするカフェ」で働く三〇代の女性を紹介している。「物欲にこだわらない今の私の暮らしを、身近な人々に「気持ちよさそう」と思ってもらい、私の話に耳を傾けてもらう。それを通じて、少しずつ世の中を変えてみたい」として、「デモじゃないやり方」が語られる。いわゆる「クレイム申し立て活動」よりも、日々の生活実践、ライフスタイルの選択を通して現状を変えていくことがここでは目指されている。同様の語り、志向に、赤木（2006: 20）など。

第5章　からだの声をきく
身体と社会を問い直す日常的実践

1　はじめに

本章は、近年聞かれる「からだの声をきく〈1〉」という言葉と実践に注目する。現代日本では健康であることはとても重要視されている。私たちは日頃、健康管理に関するさまざまな情報、知識や実践に触れる。そのなかに、「からだの声をきく」ことのすすめ、および実践がある。これは文字通り、自分の身体の声に耳を傾けることである。

単純素朴に、私たちの多くは、健康でありたいと望んでいる。体調はよくないよりもよい方が快適である。しかし、現代生活において、常に健康でいることは必ずしも容易ではない。環境の汚染や破壊、厳しい労働環境、経済状況〈2〉、さまざまな災害やその危険性、そして身体への影響が疑われながらも続けられているさまざまなものの生産、消費、利用、等々……。利便性や効率性、生産性の追求が健康を阻害している。

このような現代社会で、私たちが抱えるさまざまな問題、生きづらさは、しばしば身体あるいは心身の不調となって現れる。疲れている、体調がよくない、やる気が出ない、眠れない、病気になる、等々。不調は極まれば死にいたることもある。〈3〉かつてジンメルが「大都市と精神生活」（1903）において指摘したように、刺激の多い都市生活は人間の神経を緊張させ疲弊させる。加えて、右に挙げたようなさまざまな事態がこれでもかと重なり、私たちは相当のストレスを受け、健康を脅かされるリスクの高い生活を余儀なくされている。疲れても不思議はない。それでも日々の生活をできるだけよいコンディションで送りたい、と私たちの多くは思う。

そこで私たちは、日頃から自分自身や家族など周りの人びとの身体、健康管理に気を配る。今現在日常生活に不自由しない程度に健康であっても、健康のためにさまざまなことを実践する。食事、運動、身体によいといわれることを試したり、逆によくないとされる習慣を変えようとしたりする。そのための情報は世にあふれている。そのなかに、「からだの声をきく」ことのすすめ、および実践がある。ここでは、この言葉と実践に焦点を当てその社会的な含意について考える。

以下ではまず、「からだの声をきく」とはいったいどのようなことなのかを、このことを説く論者に即して見る。また、この言葉が実際にどのように語られているかを確認する。次に、この言葉と実践に注目する理論的な背景、および社会状況について述べる。その上で、改めて「からだの声をきく」という実践にもどり、それについて語り実践しようとする人びとの話から、この実践が個人にとって、同時に社会にとってもちうる含意を考察していきたい。

私たちは身体に気を配り、健康のためにさまざまなことを実践する。健康管理は、現代、個人にとって、社会的に求められ、また生活のために必要なこととして行う実践である。その意味では、社会の要請に応じ、現状に適応しようとする個々人の努力の一環といえるが、しかし他方で、あるときには人は、こうした実践を通して、社会の現状に対する別の見方へと導かれ、異なる生活と社会の可能性へと目を向けるようになることがある。その可能性について、「からだの声をきく」という語りと実践を通して考えたい。

2 「からだの声をきく」ということ

現代日本でこの言葉にどこかで触れたことのある人は少なくないだろう。健康に気を配る、身体を労る、といった文脈で語られる。一九九〇年代後半頃からこれをテーマとする本も少しずつ出版されている。

では、からだの声をきくとはどのようなことか。まさに『カラダの声をきく健康学』(2011)という本がある。著者、北村昌陽は、健康情報誌『日経ヘルス』の元デスクであり、その編集に創刊準備から自身の退職まで一一年間携わってきた。毎月、健康管理に関するさまざまな情報を発信してきた。だが、彼によれば、情報が増えたからといって優れた健康管理ができるようになるわけではない、むしろ身体に対処する上でこうした情報に頼ることそれ自体への違和感が生まれてきたという。その違和感とは、「健康や美容に関する「情報」で頭がいっぱいになっていること、そしておそらくそれの裏返しとして、

「体の声をきく」という姿勢が見事にかけていること」であると（北村 2011: xi）。具体例として、ある編集スタッフのエピソードが紹介されている。そのスタッフは、多忙を極めるなか、健康情報をフルに活用して疲労回復や免疫力アップに有効とされる食品成分を食事やサプリメントから積極的に摂取していた。それにもかかわらず風邪を引いてしまった彼女は、そのことに納得がいかず、風邪を引くのはおかしい、と発言した。それに対して北村は、妙な感じはしないか、という（北村 2011: vi–vii）。

「からだの声をきく」という言葉を彼がはじめて聞いたのは、体験取材でヨガのレッスンを受けたときであったという。インストラクターが、体を前に曲げる指示を出しながら、どこまで曲げるかは「体の声をきいて」決めるようにといっていたそうである。

> 自分が「ちょうどこのくらいで気持ちいい」という曲げ具合を自分の感覚で決めるのが正解ですよ、そういうことをいっているのでしょう。
> 逆にいうと、「これぐらいがちょうどいい」というその人にとっての「正解」は、教科書に載っているような基準の数字などをいちいち引っ張り出さずとも、本人の体の感覚に照らせばわかるはず、という考え方が根底にあるわけです。その正解を知るためのアプローチを、「体の声をきく」と表現したわけです。（北村 2011: x）

身体の声は、「頭で考えなくとも体の中から本能的、衝動的にでてくるもの」（北村 2011: 13）である。しかし、世の中に出回っている「健康や生活に役立ちそうな情報」によって「頭でっかち」な状態になってしまうと、「体の内側からそっと、私にとっての正解をささやいてくれる「体の声」を見逃してしまう」と、北村は述べる。身体の声がきこえないとは、例えば、肩などが凝っていても気づかず、背中を伸ばしたい、といった欲求が出てこない状態である（北村 2011: 8）。北村は、現代に特徴的な病気や不調の少なからぬ部分が、身体の声がきこえないという問題とつながっているように思う（北村 2011: xi）として、自分の身体の声にきちんと耳を傾けることの重要性を説いている。

北村がこの言葉をヨガのレッスンではじめて聞いたのは偶然ではない。この言葉は、大雑把にいって、西洋医学的な健康管理法よりも、東洋的な健康管理法に関係する論者によってしばしば語られてきた。ヨガ指導者の一人佐保田鶴治は、『ヨーガ禅道話』〈4〉（1982）において書く。

> 自分の体がちゃんと自分の体のことを教えてくれる。これは学問もなにもいらんのです。また技術もいらんのです。自然に体が体のことを教えてくれる。（中略）痛いところ苦しいところがあることで、ここだってことを教えてくれるんですね。これがつまり体のことは体にきくっていうことです。（佐保田 1982: 47–48）

ヨガの体操を毎日やっていると、そのときの状態に応じてやりづらい体操がある。それが身体が教えてくれているということであり、やりづらい体操をやることで身体が教えてくれた欠陥を修復していくことができるというのである（佐保田 1982: 47）。身体の声とは、身体に生じる痛みや苦しみ、違和感などであり、それをきちんと感じとることが、身体の不調に対処する方法であるということだ。

整体操法の指導者、野口晴哉は、『健康生活の原理』（1976）で、身体の不調について「治す順序も時期も、体が一番知っている」（野口 1976: 40–41）として、その身体に従うことを説く。例として、旅行して水分が身体に足りなくなってくると、パンがパサパサしておいしくなく、握り飯の方が食べたくなる、ということが挙げられる。身体が自ら必要なものを教えてくれるのである。

ヨガの指導者、沖正弘は、「体のことは、体自身が一番よく知っている」として、「体に備わる知恵と働きに意識的に協力すること」が健康法、治病法、長寿法であり悟りへの道でもあると論じる（沖 1978: 29–30）。

同様に食に関して、野口晴哉の弟子で整体師の天谷保子は、「目」や「頭」ではなく「からだで食べる」（天谷 2012: 126）ことを説き、彼女自身の健康法は「「からだの望むことをする」という以外にはないのです」（天谷 2012: 149）という。また、管理栄養士で近年「粗食」のすすめでよく知られる幕内秀夫は次のように書く。「本当に大切なことは、からだが知っています」、「「今、自分はなにを食べたいのか？」だけで食事を選んでみましょう」（幕内 2011: 182, 125）。同様の言葉には、他にもさまざまなところで触れることができる。

要するに、とまとめるまでもなく、身体がそのときどきに何を求めているかを敏感に感じとりそれに従うことが、「からだの声をきく」ということである。

この言葉は、専門家の文献にとどまらず、日常的に語られる。私はこれまで、東洋的な健康法などの実践者、施術者に話を聞いてきたが、このことは何人もの人から異口同音に語られた。

ちょっと身体の声を聞いてあげる。首が張ってるとか、肩が凝ってるとか、腰が痛いとか、最近ちょっとしびれるとかね。身体の小さな訴え、その段階で身体の声を聞いてあげると、大きなことにならないですむんですけど、そういうのって特に自分のことになると脇に置きがちになるんです。ちょっとでいいから、自分の身体の声に耳を傾けてあげる時間を自分につくってあげるというのが、すごく大事なことかなあと思います。（イトオテルミー療法施術者Aさん）[5]

自分を知るとか身体を知るとかってすごく大事だなと思います。（中略）自分の身体を知ってそれのリズムを知って付き合っていくっていうやり方がすごくよいんじゃないかなって思っています。（アーユルヴェーダ実践者Bさん）[6]

「からだの声をきく」は、決まり文句ともいうべきフレーズとなっている。健康的な生活を送るための、いわば鍵として、特に非「西洋医学」的な文脈で語られ、実践されている。

次に、こうした言葉と実践にここで注目する理論的な背景について述べる。

3　日常的実践へのまなざし

現代社会のありようを全面的に肯定している人はおそらくいないであろう。もしいたとしてもごく例外的な人であろう。誰もが現状に対して多かれ少なかれ何らかの変化を求めている。ではいかにして現状は変えうるのか。

社会の現状を変えようとする人びとの「社会運動」や「クレイム申し立て活動」は、社会学において社会運動論や社会問題研究を通じて研究されてきた。それらは、集合的、組織的な活動――例えば、デモや集会、陳情、現状批判的な言論活動等々――として現象化している場合、みてわかりやすい。だが、現状を変えようとする実践は、いうまでもなく、こうしたみえやすい「クレイム申し立て活動」に限らない。多様な実践の形がありうる。第4章で日常的実践として注目したのも、このような実践の可能性であった。

別の観点からいえば、ある活動を「クレイム申し立て」と認識して呼ぶこと自体、活動への社会的なラベル貼りである。「クレイム申し立て」、およびそう見られる活動とそれ以外の活動との区別は、それ自体、そのときどきの社会において構成される。どのような活動がそう呼ぶに値するか否かの判断、そしてそのことに関して誰の判断が妥当なのかについての判断、こうしたことの上に「クレイム申し立て」があり、またそのようには認識されない活動がある。〈7〉かくして「クレイム申し立て」として一般に認められる活動に注目することは、ひとつの研究方法である。だが、こうした「活動」の周辺には、現状をなんとかしようとする人びとの日々多様な実践努力がある。それらはわかりやすく目につくものではないかもしれないし、「運動」「活動」として分節化できるようなものでもないかもしれないが、誰もが知っているように、そして誰もが実際に日々実践しているように、ある。ここで目を向けたいのは、そのような、「クレイム申し立て」と当たり前には呼べないような、しかし現状を改変していくことへとつながっていく日常の諸実践である。

明白な「クレイム申し立て」という体をなしていない、しかし現状に対して事実上何らかの働きかけを通じてそれを変えていこうとする、このような日常の実践に目を向けようとする学問的営為はさまざまにある。

例えば、弱者の抵抗に光を当てようとする試みがある。人類学者J・C・スコットは、「農民による抵抗の日常的諸形式」において、相対的に弱い立場におかれた者たちが日々行うさまざまな抵抗実践に焦点を当てる（Scott 1985, 1986）。労働において、さぼること、面従腹背の態度をとること、重要とされることに無頓着であること等々。マニフェストを掲げたり、デモや直接対決に臨んだりするわけではない。ニュースになることもない。計画的でなく、組織的・集合的でもなく、リーダーもいない。個々人が自己利益を守っているだけ、といった様相さえ呈している（Scott 1986: 6）。そのような弱者の日常の小さな行為を、取るに足りないものとして見過ごしてしまうならば、そこで何が起こっているかについて見誤ることになるだろう、とスコットはいう。それらこそ「真に耐久性ある、弱者の武器」（Scott 1986: 31）なのであると。ここでスコットが見ているのは、日常を生きながら、その支配的で抑圧的なありように抗していく実践であり人びとの姿である〈8〉。

日常の些細な行為へと目を向け、そうした行為のうちに現状への抵抗や挑戦を見出す、そのようなまなざしの重要性を教えてくれる論者として、M・ド・セルトーと、E・ゴフマンがいる。第4章で見てきたように、セルトーは「日常的実践」とその「戦術」という概念によって、ゴフマンは「第二次的調整」概念によって、人びとが自分の置かれている状況において、その状況で生きることを拒否するのではなく（実際そうすることは困難である）、また根本から変えようとするのでもなく（実際そうすることも困難である）、そこでなすべきことを引き受けつつも、しかし自身の行うことを、社会的要請や期待とは別様の仕方で実践する、そうすることによって状況を変化させていく、そのようなありように焦点を当てた。彼らが光を当てるのは、そこで生きる以外にない社会状況のなかで、そこを自分たちにとってより生きやすいものとしていこうと、とにかく現状を「なんとかしようとする（"Making Do"）」（Certeau

1980a: 29, 訳 89)、人びとの日常的な実践である。その実践は、セルトーによれば、戦術的なものである。詳しくは第4章で触れてきたが、ここで再確認するならば、戦術は、自分自身の場所をもたないまま、なんとかやっていくこと（"making do"）（Certeau 1980a: 29, 訳 89）、「これといってなにか自分に固有のものがあるわけでもなく、したがって相手の全体を見おさめ、自分と区別できるような境界線があるわけでもないのに、計算をはかること」（Certeau 1980a: xix, 訳 26）である。こうした実践によって、セルトーにいわせれば、人びとは「自分自身のものとするにはあまりに広大で、逃れるにはあまりにも織り目の細かいシステム」の内部に「ブラウン運動」（Certeau 1980a: xx, 訳 27）を導き入れる。「住んだり、路を行き来したり、話したり、読んだり、買い物をしたり、料理したりすること」（Certeau 1980a: 40, 訳 106）——こうしたごく日常的なふるまいにおいて「日常的実践」の「戦術」は展開される。こうしてみれば、日々繰り返しているようなルーティーンワークも、そのやりようによって、現状を一見再生産しつつ、その実少しずつつくりかえていくものとなりうる。

いずれにせよ、そこで生きることを余儀なくされている状況において、その状況をより生きやすいものとしていこうとする、日常的な小さな実践がこうして主題化される。

ここで目を向けていきたいのは、こうした「日常の小さな行為」である。すなわち、健康のために身体を気づかう人びとがその努力を通して、日々の生活ひいては現代社会の現状に対して、それを「問題」として改めて捉え直す視点を獲得し変えていこうとする日常的な実践、身体へのアプローチである。

4 セルフ・ケア・レジーム

人びとの身体へのアプローチへと進む前に、身体に気づかい健康維持に努めるとは、現代社会においてどのようなことか、整理しておきたい。

身体に対する人びとの関心は高い。身体は「プロジェクト」となっている、とC・シリング（2003: 2013）は書く。身体は、「持ち主が常に気を配りしっかりと管理することによって形づくり磨きをかける、可鍛性のある実体」となっている。この背景には、身体を操作可能なものとして捉えること、実際その可能性がさまざまな技術の進歩や知識によって高まっていることがある。「プロジェクトとしての身体」の最も恰好な例は、個々人の健康的な身体づくりに対するかつてない関心の高まりに見出すことができる、とシリングはいう（Shilling 2003: 4-5）。

身体への気づかいと健康維持は、通常多くの人が望ましいと思っていることであるが、それはフーコーにいわせれば、生に対する権力の効果である。健康でありたいと望む私たちは、実際のところ、健康であるように求められている。[9] フーコーによれば、かつての君主の権力が生殺与奪の権であったのに対して、今それに代わるのは生に対して積極的に働きかける権力（Foucault 1976: 137, 訳 173）、生命を保証し、支え、補強し、増殖させ、またそれを秩序立てる（Foucault 1976: 138, 訳 174）権力である。[10]

このような〈生 - 権力〉は、疑う余地もなく、資本主義の発達に不可欠の要因であった。資本主義が保証されてきたのは、ただ、生産機関へと身体を管理された形で組み込むという代価を払ってのみ、そして人口現象を経済的プロセスにはめ込むという代償によってのみなのであった。しかし資本主義はそれ以上のことを要求した。資本主義にとっては、このどちらもが成長・増大することが、その強化と同時にその使用可能性と従順さとが必要だった。資本主義に必要だったのは、力と適応能力と一般に生を増大させつつも、しかもそれらの隷属化をより困難にせずにすむような、そういう権力の方法だったのである。（Foucault 1976: 140-141, 訳178）。

現代日本社会において実際、国民の健康は国の大きな関心事である。歴史を遡れば、国民の健康への国家の関心は、美馬達哉によれば、軍国主義時代、健康な兵力や労働力の確保という関心のもとで高まり、制度化されるようになったとされる（美馬 1998）。近年では、高齢化の進行とそれに伴う社会保障費、医療費の増大などといった諸問題に臨んで、国民の健康を維持・増進することへの国の関心はさらに高まっている[11]。社会生活の隅々にまで、健康管理の網が張りめぐらされている。現代社会で、人は身体・健康に関する専門組織と専門職、専門知識、産業、市場などを含むシステムと無縁でいることはできない。そして、健康的な身体を維持管理する責任は、個々人に重くのしかかる。柄本三代子は、私たちは「健康をめざすことが、国民として市民としての責任にすでにな
った時代」、「ネオ公衆衛生時代」に生きていると論じる（柄本 2002: 25）。「われわれの健康がグローバルな危険によってますます脅かされている今このとき、われわれは、厳格なセルフ・ケア・レジームに巻き込まれることにより、自分の身体に対して自己責任を負うことへとますます促されている」（Shilling 2003: 4-5）[12]。

とはいえ、今一度素朴にみれば、私たちは実際、できるだけ健康でありたいと望んでいる。通常、主

観的に身体の調子はよい方が悪いよりも快適である。健康に役立つとされる情報は世にあふれている。近藤克則は、「幸福」を意味する英語表現に"well-being"があり、その意味を英和辞典で調べると「幸福・健康」とあることに触れながら、人びとの健康感と幸福感とが実際に関連していることを明らかにし、「健康」は「幸福」の代理変数になりうると述べている（近藤 2010：290）。

私たちの健康へのこうした望みは、国民の権利として保障されている。「すべて国民は、健康で文化的な最低限度の生活を営む権利を有する。国は、すべての生活部面について、社会福祉、社会保障及び公衆衛生の向上及び増進に努めなければならない」（憲法第二五条）。私たちの健康を蔑ろにしたり危険にさらしたりするようなことを国は進めてはならない。

しかしまた、私たちが健康を望む、その背景には、社会生活において健康であることが標準になっている、つまり健康でないと生活に支障をきたしかねない、という、私たちの生をとりまく社会の厳しい条件があることもまた確かである。労働の場でも、家庭でも学校でも、どこであれ所属する集団、組織で一構成員として役割を果たすためには健康である方が望ましいとされている。現代日本では多くの者は労働し賃金を得て生計を立てなければならないが、健康をある程度以上損ねればこれが困難になり、セーフティネットの脆弱な状況では、人は、特段の資産や支援がなければ、瞬く間に困窮しかねない。労働に限らず、健康に問題があると判断されれば、集団や組織から排除されることもある。排除されなくても周囲から「重荷」とされることもある。また一般に、公共空間であれ私的な住居であれ、生活環境や制度は、人が健康な状態にあることを前提に整えられており、健康を損なうとさまざまな不利、不便が生じやすい。場合によっては著しい支障が直ちに生じる。電車やバスなど公共交通機関を利用することも、身体の状態によっては至難の業である。健康を損ない医療サービスを利用することになれば、費用も時間もかかり、生活を圧迫しうる。社会的にあまり支障のないような生活を成り立たせるには一定程度健康でなければならない、そのような条件を成員にあまねく課しているような社会に私たちは生きることを余儀なくされている。

さらにまた日常、他者との関係の現場、ゴフマンのいう共在、集まりにおいても、通常、健康であることは重要視されている。人は、他者といるとき、その場の相互作用に参加し、参加者として自己を安定的に保持できる程度の健康状態を維持することが求められる。例えば体調が優れなくても、治療のための場などは別として、不調をなるべく表に出さないでいることが求められている。相互作用の秩序は、その場にふさわしい服装やふるまいなどと同様に、健康状態に問題がないという外見の維持、そして実際に相互作用を支障なく続行できるだけの心身の安定性を個々の参加者に要求する。健康的でないことはスティグマとなりうる。外見上健康に問題なしと受けいれられるような身体の安定性を保持できないことは、その条件をクリアしている人びとからなる相互作用を乱す脅威と見なされる。そのような参加者は「われわれの集まりと社会的場面を守るため」(Goffman 1963a: 248, 訳 267)、その場から排除されうる。あるいは、そもそも参加しないことを求められる。[13]

健康は望ましく、健康状態からの逸脱は、その逆で、何らかの対処がなされるべきものである。国にとって、職場や学校、集まりにおいても、成員の健康管理は重要であり、個人にとっても健康は、望みであり、同時に責務であり努力目標となっているのである。

かくして身体を気づかい健康を維持することは、社会生活の参加者・成員に対する社会的な要請でありそれに従うことである。しかし同時に、現代社会は、さまざまな形で私たちの健康を脅かしすり減らすような社会であり、また、健康から逸脱していると見なされる者を排除する社会である。このような社会は、私たちに健康を求めつつ、健康を脅かし、健康的に生きていくことを必ずしも容易でない挑戦にしているとともに、私たちを健康へと駆り立てる。フーコーが述べたように資本主義社会は、健康な身体を要する一方で、私たちを疲弊させ、私たちの生きる環境をその活動、その生産物や副産物を通して汚染し続けている。渡邊太にいわせれば、資本主義的な社会で、私たちは「つねに疲れている主体」（渡邊 2012：75）なのである。このような社会では、より幸福に生きたいと願う私たちにとって、自分の身体を気づかうことは、一方では求められる身体の維持管理でありながら、厳しい社会の現状になんとか対応しようとする並々ならぬ努力であり、自己防衛である。そしてそれはまた、現状を問い直し、それに抵抗しようとすることへとつながっていく可能性をも有していると考えられる。

5　健康のための実践——身体への二つのアプローチ

健康のために私たちは日頃さまざまなことをする。そのなかに、ここでの関心事である「からだの声をきく」ことを、大まかに位置づけておきたい。

健康のために私たちが参照する情報は多様であるが、現代日本の日常において私たちは、二つの対照的といってよい、異なる知識・身体観があることを日頃から知っている。いわゆる「西洋（医学）」的といわれる知識・身体観と、「東洋（医学）」的、あるいは、それと必ずしも同じではないが、もっと大括りにいって、西洋医学的でない知識・身体観である。

この区別は、厳密でも専門的なものでもなく、ごく日常的なカテゴリー区分である。私たちは日頃から大雑把に、「西洋医学」「東洋医学」という二種類の「医学」があることを知っており、二者を対比的に捉えている。健康に関する知識が語られるさまざまな機会に、この区分は当たり前に用いられ、言及され、またそうすることによって不断に確認されている。例えば、次は一般の者が手にとる雑誌『うかたま』からの一節である。


どのような体の状態を〝健康〟とするか、現代医学（現代の西洋医学）と東洋医学では考え方が異なります。現代医学では、血液検査などの値が正常範囲なら健康体とされます。対して、東洋医学が健康の指標とするのは、免疫力や抵抗力の源である「正気」の充実です。（『うかたま』2014. vol. 33: 79）

「西洋（医学）」的といわれる知識・身体観は、現代日本の医療制度において支配的な地位を占めている。実際、西洋医学は、右の引用にも見られるように、通常単に「医学」と呼ばれ、「西洋」がつくのは、「東洋」「民間」「伝統」など、オルタナティブなものが対比的に意識されているときである。この西洋医学的な知識に基づく健康管理のための実践はさまざまであるが、総じて一般に「医学的」「科学的」で正統であるとされる。

他方、「東洋（医学）」的、非西洋的とされる知識・身体観は、近代以後医療制度においては周縁化されてきた。しかし、漢方、さまざまな日本の伝統的民間療法、さらにはヨガやアーユルヴェーダなど、非西洋的な知識・身体観に基づく身体へのアプローチは、西洋医学に対して代替的なものとして、現代社会においてある程度認知されている（Atkinson and Gregory 2008; 佐藤 2000）〈14〉。また、それらに関心をもつ人びとも少なくない。

「からだの声をきく」ことは、はじめに触れたように、人びとの意識のなかで大雑把に認知されている、この非西洋的なアプローチのなかに位置づけられる。

この二つの知識・身体観からの身体へのアプローチは異なっている。このこともまた一般にそう捉えられている。右の引用にあるように、健康に関する知識が語られるところで、しばしばその相違が語られる。またそれによって、相違はたえず確認され画定されている、ともいえるだろう。それぞれの知識・身体観に基づく身体へのアプローチを総括することはここでの関心を上回るが、以下ではあくまで「からだの声をきく」アプローチに接近していくという目的に沿って、もう一方の西洋（医学）的なそれを、便宜的に、その特徴から「対象としての身体」アプローチと呼ぶことにする。以下、「からだの声をきく」実践の特性を捉えるため、両者を簡単に比較する。

「対象としての身体」アプローチ

西洋医学的な知識・身体観に基づく身体へのアプローチは、例えば以下のような事例に見ることができる。NHKのテレビ番組に一九六七年から放送されている「きょうの健康」という番組がある。まさに健康のための情報を視聴者に提供するものである。その「テレビテキスト」として一般書店で販売されている『きょうの健康』から、二〇〇九年七月号の特集「決定版！　内臓脂肪大研究」をとりあげてみる。

本特集では、内臓脂肪の蓄積が「危険な生活習慣病」を引き起こしやすくする、として、内臓脂肪をためないための日常の対策が紹介される。わかりやすいチャート式の図によって、「内臓脂肪の蓄積」から「心筋梗塞、脳卒中」が引き起こされるメカニズムが、まさにメカニックに示される。

それによれば、内臓脂肪の蓄積によって致命的な疾患を発症する危険性が高まる。そこで「内臓脂肪を減らす生活」が必要となる。ではどうすればよいのか。人間ドックを受けた約八〇〇人を対象とした統計的な調査を行った結果、内臓脂肪型肥満の人の生活習慣には特徴的な傾向が見られた（『きょうの健康』2009.7：18）。それは、食習慣（食べすぎ、野菜嫌い、間食、特にアイスクリームを好む）、運動不足、喫煙である。この知見を踏まえて、「内臓脂肪を減らす」ために、誰もが実践できる「食生活の改善と運動の実践」の方法がていねいに紹介される。ごく簡単に紹介すればそれは次のような方法である。

まず目標として、「半年で現在の体重の5％減」という数値目標が定められる。そもそも狙うのは、内臓脂肪を減らすことだが、これがいわば操作的に再定義され、具体的な数値に変換される。次に、この目標達成に向けて、食事と運動の記録をつけることがすすめられる。そして、実践である。その実践とは、食生活の改善と運動であり、具体的には一日の適性摂取エネルギー量を過不足なく摂取するため、食事と運動で半分ずつ摂取エネルギー量を減らしていく、というものである。体重八〇キログラムの人を例にとると、目標は、八〇キログラムの五パーセント、四キログラムを半年で減らすこと、となる。一般に人は、脂肪一グラムを減らすためには約七キロカロリーのエネルギー消費が必要とされる。そこで目標値の四キログラムの脂肪を半年で減らすには、全部で約二万八〇〇〇キロカロリーの消費が必要となり、半年を一八〇日として日数で割れば、一日あたり約一五五・六、およそ一六〇キロカロリー減らせばよい。この一日あたりの目標値を食事と運動で半々に分けると、食事で約八〇キロカロリー、運動で約八〇キロカロリーそれぞれ減、という計算になる。

要約すれば、内臓脂肪の蓄積↓生活習慣病の危険、という図式が示された後、内臓脂肪を減らすという目標が、半年で現在の体重の五パーセント減という数値に置き換えられ、それが、一日あたりの摂取カロリーと消費カロリーの値へとさらに変換される。半年で現在の体重の五パーセント減↓内臓脂肪減↓生活習慣病の危険性減、という図式が明快に得られる。一人ひとりは、その生活歴、習慣、その内容、体格、年齢、性別などさまざまであろう。だが、以上の図式は誰にでも適用可能であり、誰もがこれを参考に内臓脂肪を減らす実践ができる。

また、以上の方法は、東京逓信病院部長の宮崎滋によるものであり、医者による「医学的」「専門的」な知識に裏づけられていることが示されている。

同様に、同誌八月号の特集は、「血管の老化」である。「血管年齢」の上昇（血管の老化）は、「心筋梗塞」や「心不全」など「重篤な病気のリスク」を高める。そこで、「血管の老化を防ぐ」ための「ダイエット」がすすめられる。血管の構造とその老化の仕組みが、やはりチャート式に示される。その上で、血管の老化を防ぐ働きのある成分を含む食材が紹介される。具体的には「内皮細胞によい」主な食材として、「ＥＰＡ（エイコサペンタエン酸）」「ＤＨＡ（ドコサヘキサエン酸）」を多く含む「いわし」「あじ」「さんま」などの「青背の魚」、「ＬＤＬコレステロールに対処する」主な食材として、「大豆たんぱくを多く含む」「豆腐」「納豆」、「水溶性食物繊維」を多く含む「海藻類」「こんにゃく」などであり、それらがどのように作用するかがチャート式に示される。例えば、「ＥＰＡ」は「血液を固まりにくくする」、それによって「血流がよくなる」、血流がよくなると「内皮細胞の状態がよくなり、機能も改善される」。かくして、ここで紹介された食材を積極的に摂取することが、「血管年齢の老化」を防ぐことにつながるとされる。

以上の二例に共通するのは明らかに、身体を「科学的」「医学的」知識に基づいてコントロールしうる「対象」と考えるような身体観である。しかも、その身体は、適切な働きかけに応じてしかるべき結果が期待される、メカニカルな対象である。

さらに詳しく見ると、この身体は、誰のものであれ基本的に同じであると考えられている。大方誰にでも適用可能な説明と実践の紹介が成り立つためには、人びとの身体の一様性という前提が必要である。実際、「内臓脂肪」特集で言及されているような統計は、そもそもサンプルの一様性を想定している。人が一日に体重一キログラムあたり摂取するエネルギー量、脂肪一グラムを減らすために要するエネルギー消費、といった知識とそれに基づく対策も、それが誰にでも当てはまるという前提があってはじめて意味をなす。この一様性の前提があくまでひとつの仮定であることは、少し考えてみれば明らかである。人びとの身体や生活の様態はさまざまであり、一日あたり一キログラムあたりの消費カロリーはそれに応じて異なるであろう。例えば、毎日長時間肉体労働に従事している人と、一日中ほとんど動かずテレビを見て過ごす人、高齢者と子ども、同じ人でも厳寒の冬と酷暑の夏とでは異なるだろう。

さらに、このような身体の管理については、「科学」「医学」の専門研究領域で蓄積されてきた知識が最も優れた説明を行うことができ、また有用な情報を提供することができる、と考えられている。またこのことと関連して、あるいは裏腹のこととして、当の身体の持ち主である個人、非専門家にとっては、身体はややもするとブラックボックスのようなものである。実際、人は、「内臓脂肪の蓄積」や「血管の老化」という身体の「状態」、「インスリンの働きを抑えるTNF-α」「インスリンの働きを高めるアディポネクチン」などの身体への作用を体感することはできない。もっぱら専門的な知識、そして医学的な検査データが、身体の内部で起こっていることを記述、説明し、その説明に信憑性を与える。いいかえれば、身体に関して、専門的な知識と語彙の体系が確立されており、まさにそれゆえに、身体は、その知識体系に通じている専門家でない一般の人びとにとってはほとんどブラックボックス化している、といえる。

かくして、身体は、既存の専門知識を用いて働きかけ、意図し期待する状態へともっていく、そのような科学的、専門的なコントロールの対象である。身体を上手にコントロールするためには、専門家などによってこれまで蓄積されてきた適切な医学的知識を参考にし、その知識に基づいて適切な働きかけを実践する必要がある。ちなみに、先に触れたシリングのいう、現代社会における「プロジェクトとしての身体」「身体プロジェクト」も、これと同様の発想を背景に展開しているように思われる。

「からだの声をきく」アプローチ

以上に対して、「からだの声をきく」ことは、身体に対するまったく異なるアプローチを要求する。身体は、専門知識に基づいてコントロールする対象ではない。身体自体が、私たちに語りかけてくる。

ふたたび、「からだの声をきく」ことをすすめる語りにもどってみよう。

先述の幕内秀夫は、現代女性の食生活上の問題点をとりあげ、よりよい食事のために「自分の「身体の声」に耳を傾けること」（幕内 2011: 5–6）をすすめる。幕内によれば、女性の多くは、健康や美容に気づかい、「なにを食べたら健康や美容、ダイエットにいいか」という「情報」によって食べており、「「からだの声」に耳を傾け」ず、かえって「おかしな食生活」になっている、という（幕内 2011: 5）。例えば、美容のためにサラダを、コレステロールをあげないオリーブオイルで、と情報に基づいて食べることで、結果的に高脂肪の食生活になってしまう、など。前掲の北村昌陽も同様に、現代人は「知識で食べて、身体に目が向かない」ことを問題視する。たとえ「知識として一般的には正しいとされていることであっても」それにとらわれると「体の声が遠のいてしまう」（北村 2011: 126–128）と。

つまり、前項で紹介したような、身体を対象として管理するための、専門的な「知識」「情報」は、「からだの声」から私たちを遠ざけるものとしてしりぞけられる。むしろそれらに惑わされずに、自分自身の身体に耳を傾けることが推奨されているのである。健康のためにどうすればよいのか、それを教えてくれるのは、一般的な専門知識ではなく、自分自身の身体そのものである。

……大切なことは、自分自身のからだの声を聞いて、自分には、今、どんな食べものが必要なのか、を知ることだと思います。結局は、「一般的に」よい、悪いということではなく、「今の自分にとって」よいのか、悪いのか、を判断することが重要だと思います。（天野 2010: 9）

ここで「一般」に対置されているのは、「今」の「自分」という二重の固有性である。すなわち、第一に、「自分」の身体は、他者の身体とは異なるものである。第二に、同じ「自分」の身体も、そのときどきの「今」に固有のものであり、他の時とは異なっている。先に見たような「一般的」な専門的

「知識」「情報」と身体の一様性の仮定は、二重にしりぞけられている。身体は、常に、他者とは異なる「自分」の、他の時ではなく「今」に固有のものである。「今」の「自分」の身体の声に意識を向けることと、誰にでもいつでも当てはまる一般的な「知識」「情報」を参照することは、ほとんど相反することのように位置づけられる。

次の語りは、他者とは異なる自分の身体の固有性に言及している。

自分の、皆が皆同じじゃないので、自分のなかのバイオリズムというか、すごいあると思うんですよね。（中略）なんでそんななの？　とかいわれても、いやそれは自分のなかでのことなんだから。なんでこれぐらいのことで疲れてるの、とか、そういう感じでいわれちゃうと思うんですけど。でも、それはもう気にせず、ちゃんとやれることをやっておけばあまり周囲に惑わされず。やっぱり自分のペースを摑んでいくというのはすごく大切ですね。（アロマテラピー・セラピストCさん）〈15〉

自分の身体の「今」の固有性は次のように語られる。

そのときの自分の体調の変化もあるので、そのときどきでいろいろと自分に合ったものを見つけていくっていうか、それが必要かなと思いますね。（中略）今はこれだと思うものをやっているけど、また他にもいろいろ見つけていくと楽しいかなと。（アロマテラピー・セラピストCさん）

先に紹介した佐保田の、毎日ヨガをするとそのときの状態に応じてやりづらい体操がある、それが身体の教えだという考えも、そのときどきで身体の状態が異なるということ、その微妙な変化にその都度気づくことの重要性を述べている。

身体の外部で専門家の研究を通して発展し蓄積される専門的、一般的な「知識」「情報」よりも、自分自身のそのときどきの身体の声に意識を向けること、身体を、他者とは異なる唯一性において、そのときどきに変化する「今」の一回性において捉えること。これらにより、「からだの声をきく」アプローチは「対象としての身体」アプローチとは対照的といえる。

6 「からだの声をきく」アプローチを支える論理

「対象としての身体」アプローチは、社会的に正統とされ権威を有する「（西洋）医学」に基づいていることで、その正当性と有効性を独自に主張する必要がない。それに対して、「からだの声をきく」アプローチは、非西洋的、代替的な医療や健康管理法を背景としており、それらは現代たしかに広く認知されある程度受けいれられているとはいえ、正統な「医学」ではない、「科学的」でない、などといった捉え方を往々にしてされる。それゆえ、このアプローチのすすめには、これがいかに理にかなっているか、ということとの論理立てが必要となる。

では、その正当性と有効性はどのように構成され、語られているであろうか。北村は、身体の声を発しているのは、「体の中の「ご先祖さま」」（北村 2011：21）であるという。それは、「体内の恒常性を維持するメカニズム＝ホメオスタシスの一環」（北村 2011：27）である。これはヘビやカメにも共通のものである。人間の場合、暑さを感じれば自然に汗が出るとともに、上着を脱いだり、木陰で涼んだりする。

「暑い」と感じるのが身体の声であり、それに伴い、体内の環境を維持するために、アクションへの衝動が体の中からわいてくる（北村 2011: 27）。さらに、このホメオスタシスをコントロールするセンターは、「太古の祖先から引き継いだ原始的な脳」（北村 2011: 29）である。ホメオスタシスは「生きていくために体の中を一定に保つ作用」（北村 2011: 35）なので、身体の声が聞こえない、ということは、「生き物の最も基本的な危機管理システム」が「うまく稼働しない」（北村 2011: 37）という重大な問題、ということになる。また、野口晴哉は、「自然に保たれている平衡」（野口 1976: 22）、「体の中の自然の働き」（野口 1976: 37）、「本能という自然の智恵」（野口 1976: 89）と表現する。人間、そしてすべての生きものは、「自分の要求によって自分の体をつくってきている」（野口 1976: 88）、それゆえ、身体にとって何が必要かは身体がわかっている。次の言葉は、専門的な知識による健康管理という、現代の一般的な傾向を一蹴している。

はじめから本能という自分の智恵でやるようにできているからです。だから知識で健康を保とうという考え方はおかしいのです。（野口 1976: 89-90）

身体にはそれ自身の自然のメカニズムがあり、自身の状態を整えるように働く、そのようになっている、したがって、身体の要求に従えばよい、ということである。身体の中の自然、自然の智恵、という表現は、身体が自然のものであることを述べており、自然は、太古からの長い時間を経て現在にいたる。こうして、個々の身体の外で流通している知識よりも、身体がそれ自身の自然の働きとして今どう感じ何を求めているか、ということに注意することの正当性、そして有効性が構成される。

7 「からだの声をきく」ことと社会の要請

では、このアプローチに従って「からだの声をきく」ことを実践しようとすることは、実践者にどのようなことをもたらすのであろうか。先に要点を述べるならば、第一に、これは、一般的に正しいとされている専門的な知識よりも自分自身の感覚を優先しようとすることであり、現代社会における専門的で科学的な知識の、いわゆる素人判断に対する優位性を、全面的にではないにせよ、逆転させる。第二に、この実践は、今の自分の身体の要求に焦点を当てることで、そのときどきの身体の声と社会的な要請との間の不調和についての意識、感覚を実践者の中で高めることにつながる。そのときどきの個別の身体の要求は、まさに幼少時よりの社会化、斉一的な規律訓練を通して抑制されてきたことに他ならず、その抑制は、往々にして意識されない域にまで達している。ちなみにそれが、「からだの声がきこえない」ということであった。しかしからだの声をきき、それに従おうとするならは、社会的な要請に必ずしも常に応じられなくなる、ということになり、両者の非両立性（incompatibility）についての意識もまた高まる。第三に、この非両立性の感覚を通して、人は現状の生活やライフスタイルについて、疑問や反省へと導かれうる。これは私たちの身体が事実として馴化された身体であるかどうかということにかかわらずである。これらについては、詳しく検討する必要があるが、さしあたり、「からだの声をきく」ことをめぐるDさんの語りを通して以上の点を確認していく。

Dさんは、二〇一〇年に話を聞いた時点で四〇代、重い病気を西洋医学だけでなく東洋的な療法で克服したという人である。彼女は、西洋医学よりも東洋的な療法の成果を高く評価していた。Dさんは、日常生活におけるさまざまな行いを自分の身体に問うて、どうするか決めていた。その言葉は、極端に聞こえるかもしれないが、またそれゆえに象徴的であるように思われる。

自分の嫌なことはやらない。やらなくてよい状況にいるのを幸せに思っているんですけど、やりたくないことはやらなくてよいって思っているんです。

死ぬような思いをしたんで、もう自分の嫌なことはしたくないんですよ。助かった命なんだから、自分の好きなことしていいじゃないって。そうしたら考え方もそうですけれど、すごく元気です。好きなことしかやらないから。会いたくない人には会わないし、嫌いなものも食べない。（中略）気功法をやっていることによって、足の裏がかゆくなったりとか、あれこおかしいと思ったり、なんかそこに行かない方がいいって思った瞬間にやめる。別の日にしてもらうとか。（中略）気功法を知ったことによって、以前よりも敏感、というよりそれに納得がいくようになったっていうのがあります。多分前から知っていたとは思うんですよ。悪いものには近寄らない。

Dさんは、日常のさまざまな行いについて、自分が嫌だと感じたことは極力しないようにしているという。その「感じ」は、引用にあるように、「足の裏がかゆくな」るなどの身体感覚として察知される。またその感覚は、気功法の実践によって「敏感」になった、また以前から感じとっていたことについて納得がいくようになったという。また彼女は、食べものに関しても、自分の好き嫌いの感覚に従い、「嫌いなものは食べない」、「好きなものだけ食べていれば健康でいられると思っているんです」、という。

一般に身体に必要、あるいはよいとされているものでも、嫌いなものは全然食べないという。先に第一に挙げたように、栄養学などの専門的知識に対して、Dさんは自分の感覚を優先している。西洋由来の栄養学とは別の食事法や代替療法、知識に基づいてそうしているのではなく、単純に自分が何を食べたいか食べたくないかに従っている。これは、幕内のいう、「今、自分はなにを食べたいのか?」だけで食事を選ぶ、という指針にはかなっている。このような食べ方に対して、栄養が偏ってしまうのではないか、という疑問がわくとすれば、それはなぜか。疑問の出所をたどるならば、他方の「専門的」「一般的」な「知識」――例えば、バランスよく食べる、好き嫌いをなくす、一日三〇品目など――に行き着くのではないか。それらが身体にとってよりよいのかどうか、私たちもあまり遡って考えたことはないのではないか。専門知識においてそれが身体によいといわれている、そのことを知識として知っている、その知識は専門的で正しいとされている、という以上のことを私たちの多くは知らないのではないだろうか〈16〉。

「嫌なことはしない」ということは、先に第二に挙げた、「からだの声をきく」ことと社会的な要請に応じることとの非両立性と前者の優先を語っている。話を聞いた時点では、Dさんは正規の職についていなかったが、就職活動でも、面接や建物を見たときの自分の感じを重視していると語り、嫌だなと感じたらやめる、とのことだった。彼女は是が非でも定職につきたいと思っているようでもなかった。おそらくは、週五日、一日八時間など、就業規則に従って、天候や、そのときどきの体調、気分に関係なく働くといった労働形態は、彼女にとって、からだの声をきいてそれに従うことと両立しづらいであろう。彼女は、他者とのつきあいや外出なども自分の感じ方次第で選んで決めているとして、嫌だなと思ったら、日程や場所を変えたり、行くのをやめると話していた。ちなみに、通常多くの人は、嫌なことでもしなければならないことはしなければならないし、実際にしているであろう。会いたくない人にも会うだろう。彼女のような実践は、彼女自身も現在そうできる状況にいるのを幸せと思っている、と述べていたが、生活条件に恵まれた者だけの特権ではないか、単なるわがままではないか、と捉えられるかもしれない。

しかしながら、ここで彼女の話を通して焦点を当てたいのは、からだの声をきいてそれに従おうとすることと、社会のなかで個人が当然のこととして期待されているさまざまな要求とが、しばしば調和しないということであり、またからだの声に耳を傾けると、そうした不調和について意識が高まるということである。そして、前者、すなわちからだの声の方を優先しようとすると、当然の帰結として、社会的要請に対応することについて支障が生じる可能性が高まるということ、実際に支障を生じるという経験を余儀なくされるということである。Dさんの場合は、定職についていないが経済的に困らないという生活条件もあり、からだの声を優先する度合がかなり高い例であるが、そのために、定職につきづらい、予め決められたスケジュールに合わせづらい、行動範囲が限られる、さらにはそうした状態や行動ゆえの社会的評価（例えば、わがまま、偏っている、など）も受けがち、といった、一般的な観点からいえば、社会生活上の不都合を抱えることとなっていた。しかしながら、彼女はそれをあまり深刻に苦にしているふうではなかった、ということも見過ごせない点である。からだの声をきいて無理はしない、ということが彼女にとっては優先事項になっているのであった。社会的に求められる標準的な事柄に必ずしも応じられない、そのことによるさまざまな不都合よりも、自分のからだの声をきいてそれに従うことの方が大切にされている。つまりここでもまた、社会的に是とされている通常のものごとの優先順位の逆転が起こっているといえる。

Dさんの例は、やや極端なケースかもしれない。だが、そうだとしても、ここに浮かび上がるのは、次のようなことである。すなわち、「からだの声をきく」という、自分の健康を守るための日常的な実践によって、人は権威づけられた専門的知識に対して自分の感覚を優先することへと導かれ、そして社会的要請と身体の声との葛藤を意識化し、からだの声の観点から、社会的要請、その要請が生まれる社会の現状と生活スタイルを捉え直すことへと導かれうる。それまで適応することが課題であった社会状態、さまざまな社会的要請は、別様に受けとめられ、再構成されうる。それらの社会状態および社会的要請は、無理をしても頑張って適応すべき、というものではもはやなくなり、むしろからだの声に従って、適応する必要があるのかどうかを再吟味する必要のある、問題含みの状態であり要請として、改めて捉え直される。社会的要請によりよく応えるためにはじめたかもしれない健康法を通して、その要請への対応は、もはやきちんとクリアすべき課題というよりも、必ずしも応じられない無理難題へと捉え直される。

もちろん、Dさんのようにふるまうことは、通常多くの人にとってなかなか難しく、またそこまで徹底したいと思う人も多くないかもしれない。しかし、「からだの声をきく」という実践によって、部分的にではあれ、例えば食生活や働き方をはじめとして、現在の生活スタイルを見直してみることへ、ひいては現状のような生活を一人ひとりに余儀なくさせているような社会状態を問うことへと問題意識は広がりまた深まりうる。またさらに、そうした意識に対してときに立ちはだかる、一般的に正しいとされる専門的知識に対しても、自分の今の感覚をもって対する、という態度が獲得されうる。例えば専門的見地から、「健康に害はない」「これくらいは許容範囲」といわれることに、「私はつらい」「私には無理」「私は不安」と感じる、そのことを否定せず、それに依拠して、そこから現状を考えるということになるだろう。ごく素朴にいって、今ある社会の状態は、個々人がからだの声に応じてより快適に無理なく生活できるように変わった方がよいもの、として経験されるようになる。

8　根拠としての身体

野口晴哉の言葉を羽鳥は次のように伝える。「今、ここにある自分のからだは、地球型生命体三六億年の歴史の先端・末端であり、「からだの端」である」（羽鳥 2002: 204）。

今の私たちの身体が過ごしてきた長い歴史に比べれば、「社会」の歴史はとても短い。このように現代社会と身体を捉え語ることによって、私たちが現在生活する社会のありようは、相対化され、身体を基準に、私たちにとって生きやすいのかどうか、という観点から改めて問われる。

また、こうして一方で億単位の年月が身体に割り当てられるとき、他方で、資本主義が必要としたとフーコーが述べていたような身体の馴化というものも、およそ日の浅いものとして捉え直される。億単位の年月に対して資本主義社会の歴史はあまりにも短い。そのような新参の社会が身体を馴化できるなどと考えるのは社会の驕り、あるいは社会というものの力の滑稽なまでの過大評価なのではないか、と。

もちろん私たちの個々の身体はある程度は馴化され、例えば幼少時から規律訓練によって、机に何時間も向かっていることもできるし、身体のどこかに不調があってもそれにさして注意を払うことなく、つまりからだの声をきかずに、毎日同じ時間に通勤通学し、決められたタスクを黙々とこなすこともできる。しかしたしかに、じっと座っていれば肩が凝ったりするだろうし、身体の不調を顧みず無理をずっと続けるならば、いつか倒れるかもしれない。身体はそれ自身の自然の働きとして、そのような状態を招き、社会的要請に抵抗するのだ、という言い方が、「からだの声をきく」アプローチの観点からはできるだろう。身体を馴化しようとする社会的な方向性に対して、抵抗が「排除不可能な相手として書き込まれている」(Foucault 1976: 96, 訳 124) とでもいえようか。

なお改めて注意を喚起しておくならば、ここで、身体の三六億年の歴史という「事実」が、「社会」に対して対置されている、と本質主義的に捉えているのではない。そうではなく、身体をそのようなものとして捉え語ること、このような身体観を掲げることで、身体と自然をいわば資源として、「根拠」化し、そこから社会を問う、そのような態度が、「からだの声をきく」アプローチをとることを通じて獲得されうる、ということ、それがここでの要点である。

「からだの声をきく」ことは、まさに小さな日常的実践として行われる。そうすることで、人は自身の身体を基点にして、社会の現状を問い直す、という態度を獲得しうる。そうした人びとの実践は、たしかに、すぐに制度の変化へと発展するようなものではないかもしれない。だが、それは、個人の健康や身体への関心、関わり方、生活スタイル、食べ方や働き方の見直しへ、それのみならず社会のありように対する見方に影響を与えうる。この実践は、現代、近代以後の価値を問い直すさまざまな運動、例えば「スローライフ」など、「スロー」を価値とする生活の見直し、近代的科学的で専門的な知の相対化、といった流れに合流し、より広がりをもった社会的な実践へと接続していくものとなりうる。そうした動きを私たちはそこここに見ることができる。〈17〉本章で言及したDさんは現代日本ではマージナルな位置にあるといえるかもしれないが、それはひとえに、大多数の人びとは「からだの声」に関わりなく、いいかえれば、自らの身体を現在の社会状態を問い直すための根拠として捉えることなく、彼らのつとめを果たしているからであり、それが社会人の標準的なあり方になっているからである。もしもより多くの人びとが今より少し「からだの声」に耳を傾け、その声に従おうとするならば、社会は変わる。

注

〈1〉「からだ」は、「身体」「体」「カラダ」などさまざまに表記されるが、ここでは「からだの声をきく」という句においては、「からだ」とし、本文中では他の章と同じく「身体」とする。引用文中では原著の表記のままとする。

〈2〉私たちの健康に社会的な要因が大きく作用していることを示す研究は多々あり、社会の状態が成員の健康を左右することが強調されている。例えば、貧困や劣悪な労働条件はそれ自体で健康を阻害するが、所得格差の大きい社会では、小さな社会よりも健康でない人が多いことも確認されている（近藤 2012: 2010: 292）。また、健康を左右する食生活についても、経済的にゆとりのある層の方がより健康的な食生活を送っていると想像できるが、小林盾は、このことを社会階層と食生活の関連を調査することにより明らかにしている（小林 2010）。

〈3〉過労死、病死のみならず、現代日本では、自殺の原因・動機として「健康問題」の割合が最も多い（平成二五年度『自殺対策白書』より)。

〈4〉 佐保田は「ヨーガ」と呼ぶ。一般には「ヨガ」という呼び方がより普及しているように思われる。どちらで呼ぶかは、それぞれの呼び方を採用する立場にとって重要であろう。ここでは本文中では便宜的に後者を用い、引用文中では原文の表記を用いる。

〈5〉 イトオテルミー療法とは、「伊藤金逸医学博士が1929年(昭和4年)に発明した約80年の歴史を持つ民間療法」であり、「からだにぬくもりと刺激を与えることで、自然治癒力に働きかけ、病気の予防、疲労回復、健康増進を図る温熱刺激療法」(イトオテルミー親友会公式ホームページより(2014.3.11.))である。Aさんは、話を聞いた二〇一〇年現在五〇代になったばかりの女性で、かつて腰痛を患い、整形外科でなかなか治らなかったところ、イトオテルミーに出会い、最初は療法を受ける側として、その後勉強し施術者となって、これを行っている。

〈6〉 アーユルヴェーダとは、「古代インドで5千年以上も前に、人々の健康を守り、病気をなくし、長生きできるように説いたインドの伝承医学」であり、「『アーユス』という単語と『ヴェーダ』という単語の合成語」で、日本語では「アーユス(生命)+ヴェーダ(真理・科学)=アーユルヴェーダ(生命科学)」という意味になる(日本アーユルヴェーダ学会認定委員会公認スクール、NPO法人日本アーユルヴェーダ研究所付属日本アーユルヴェーダ・スクールホームページより(2014.3.11.))。Bさんは、アーユルヴェーダを勉強している女性で、話を聞いた二〇一〇年現在二〇代後半、アーユルヴェーダの考えに基づく食事や飲み物を提供するカフェを知人と開いていた。

〈7〉 この構成のプロセスについて、『「曖昧な生きづらさ」と社会』(2004)で詳しく考察したので参照されたい。

〈8〉 同様に、人類学者の松田素二は、アフリカの都市のフィールドワークから、権力像と抵抗像の変貌を描き、権力像のヘテロ化、ミクロ化、ソフト化の進行を指摘し、それに対する抵抗として、「屈服と受容のなかに潜んだソフトな抵抗」「日常の微細な生活実践のなかに盛り込まれたミクロな抵抗」（松田 1997: 121）、彼のいう「ソフト・レジスタンス」（松田 1997: 123）を見出す。それは、松田によれば「公権力が国民を保護するどころか、むしろ暴力的に立ち現れてくる社会」（松田 1997: 97）におけるレジスタンスのありようである。ここでいわれている社会のあり方は、現代日本の状況とは同じではないだろう。しかし、日常に目を向ける「日常人類学」を提唱する松田の議論（2009）は、私たちにも抵抗のさまざまな可能性を教える。日常的なさまざまな抵抗への視点は、権力を日常的でユビキタスなものとして捉えることと表裏の関係にあるといえよう。両者の関係についてはオートナー（Ortner 2006）がわかりやすく整理している。

〈9〉そもそも「健康」とは何かが当然問題となるであろう。一九四六年に宣言されたWHOの憲章によれば、「健康とは、単に疾病がないとか虚弱でないとかを意味するものではなく、身体的にも精神的にも社会的にも完全に良好な状態にあることをいう」である（山崎 2001: 34）。いうまでもなく、こうした定義は、操作的に多様につくることができ、実際にさまざまである。その一方、「健康」という言葉は、日常誰もが当たり前に、いちいち定義など気にせずに使う。ここではあえて日常生活で使われているように使っていく。

〈10〉フーコーによれば、生に対する権力は、二つの主要な形態において発展してきた。すなわち、身体に関わる規律と人口の調整である。前者の極は、機械としての身体の解剖‐政治学であり、規律によって、身体の調教、身体の適性の拡大、効果的で経済的な管理システムへの身体の組み込みなどが実現される。他方の極には、種としての身体、人口の生‐政治学があり、繁殖や誕生、死亡率、健康の水準などが管理の対象となる（Foucault 1976: 139, 訳 176）。

〈11〉このことは、官公庁や自治体などのさまざまなとりくみに見ることができる。例えば、二〇〇〇年に当時の厚生省の主導で「国民健康づくり運動」として「健康日本21」なるプロジェクトが開始され、二〇〇二年には「健康増進法」が公布された。国も市区町村も住民の健康に多大な関心をもち毎年相当の予算を計上している。

〈12〉WHOは、「セルフ・ケア」「セルフ・メディケーション」「責任あるセルフ・メディケーション」の三段階の概念により、自身の健康に自分で責任をもつことの重要性について特筆している。

〈13〉ロバート・F・マーフィーの『ボディ・サイレント』(Murphy 1987) は、身体に障害をもった者が社会からいかに排除されていくかについて、当事者の立場から詳細に描き出す。

〈14〉近代医療以外の医療について、それらを「民間医療」として詳細に研究したものに、佐藤純一編『文化現象としての癒し』(2000) がある。東洋医学と西洋医学の考え方の相違、また民間医療が西洋医学、近代医療に対して周辺化されていく過程についてなど、詳細に考察しており、参考になる。

〈15〉Cさんは、話を聞いた二〇一〇年現在四〇代はじめの女性で、エステティックサロンで働いた後、アロマテラピーの学校に通い、アロマテラピーのセラピストとして開業していた。以前、自分自身の体調があまりよくなかったことで、アロマテラピーなどの療法に関心をもったという。

〈16〉歴史を遡れば、あるいは世界の地域によっては、現代日本のように食べものの選択肢は多様ではなく、人はその土地、その時季に得られるものだけをもっぱら食べていたのではなかったか。ちなみに、「一日三〇品目」は、一九八五年、当時の厚生省による「健康づくりのための食生活指針」で提唱され広まった。三〇という数字は、覚えやすいという理由で掲げられたとのこと。現在では提唱されていない。

〈17〉「からだの声をきく」ことを重視しながらさまざまな社会的な活動へと実践を広げている人びとに、私は出会い話を聞いてきた。また昨今はインターネットにより、そうした人びとの実践について広く知ることもできる。例を挙げればきりがない。「からだの声をきく」ことの社会的意味について考える、このことを可能にしてくれたさまざまな方々、本文中に引用した四名の方々をはじめ話を聞かせて下さった方々に心より感謝する。

第6章　私たちの間を架橋するもの
若者と大人の簡単で安全で優しい関係

1　はじめに

社会の中で人と交流、協力し、自立した一人の人間として力強く生きるための総合的な力である人間力は、家庭、学校、職場、地域社会といった場を通じ形づくられるものですが、我が国の社会が大きく転換している今、若者を巡る様々な問題が、それぞれの場で生じています。／これらの問題の解決には、若者自らの自覚と努力も求められるところですが、若者が生きる自信を持ち、能力を高め、いきいきと活躍できる社会を目指し、経済界、労働界、教育界、マスメディア、地域社会、政府が一体となって、若者の人間力を高める国民運動を推進することとし、ここに、次のとおり宣言します。（平成一七年九月一五日「若者の人間力を高めるための国民宣言」より）〈1〉

われわれの行動は全存在にたいするわれわれの知識にもとづいてはいるが、この全存在にたいするわれわれの

知識は、独特の制限と歪曲とによって特徴づけられる。（Simmel 1908：訳上 352）

現代社会のさまざまな困難が語られる。そのなかでしばしば若者の問題、彼らの生きづらさが話題になる。就職難、失業など、経済的な困難他、さまざまなことがそこここで論評されているので、ここで枕詞のごとく中途半端に触れることは控えたい。本章で問いたいのは、論評されている若者たちの生きづらさの中身ではなく、他人から論評される、語られる、ということ、人（ここでは非若者である大人たち）が他の人（若者と呼ばれる人びと）について語る、という事態である。

「外国人のコミュニケーション能力は低い」「女性の人間力を高める必要がある」――こんなフレーズを目にすれば違和感や疑問を禁じえないのではないか。驚くような素朴さあるいは粗雑さである人びとが「〇〇は」と十把一からげにして語られるのをときに見聞きすることもある。だが、より賢明な人は、そんなことはいえない、とより慎重であろう。ところで、若者は、といえば、「若者は……」調の言葉で語られ続けている[2]。非若者である大人たちは飽くことなく若者について語る。大人たちは社会の先行世代として、家庭、教育、経済、産業、政治、法など、多領域で、若者に対し多大な力を行使している。そのひとつに、大人たちの若者についての語りがあり、そこから不断に生産される知識があり、その知識に基づく若者への大人の態度、若者との関係がある。そしてまたその関係から語りは生み出され、知識がさらに付け加わる……。この過程は、若者と呼ばれる人びとを否応なく巻き込み、彼らにある種の作用を及ぼし続けている。ここで焦点を当てたいのは、こうした大人の若者への関わり、多岐にわたる影響力ある関わりのうちの、このひとつ、すなわち若者について語る、という側面である。

ここで問いたいのは、その語りの内容よりも、ある人びとが他の人びと（ここでは非若者である大人たちが若者である人びと）を一括し、彼らについて盛んに語る、という一般的な社会関係形式である。前者、語る人びとは後者、語られる人びとにいったい何をしているのだろうか。しかも、両者の関係は決して対称的でない。一般的にいって、大人たちは若者である人びとに対して社会的により強い立場にある。前者の後者に対する力は大きい。

この問題に接近していくため少し回り道をする。

2　社会と個人

私たちは誰しも多かれ少なかれ生きづらさを抱えている。「生きづらさ」とは、ここでは、個人が主観的に生きづらいと感じること、という程度に捉えておく[3]。その上で、次のようにいえるだろう。この世に生まれて、生きづらさを感じたことがない、などという人はいないのではないか、と。万が一いたとしても、それは例外的な人としてよいのではないか。

さて、誰もが社会のなかで感じる生きづらさを、G・ジンメルは、社会と個人の葛藤として論理化した。個人の生きづらさは、社会との関係に由来する、原則上解決不可能な問題である（Simmel 1917=1966: 訳 110）。人は社会のなかで生きている限り、宿命的に、ある種の生きづらさをその生の条件とする、と。

社会とは何か。ジンメルにいわせれば、それは、諸個人間の相互作用である。では、相互作用とは何か。人が互いにまなざしを向け合ったり、手紙を出し合ったり、昼食を共にしたり、道を尋ねたり、といった例を彼は挙げる。文字通り、人と人とが互いに作用し合うこと、すべてが相互作用である。一時的なものもあれば、恒久的なものもあり、意識的なものもあれば無意識的なものもあり、微々たるものもあれば重大なものもある（Simmel 1917=1966：訳 24）。そうした相互作用から織りなされているのが社会である。たしかに、企業も、行政府も、家族も、友だちづきあいも、要は人びとの相互作用である。相互作用のあるところに社会が生起している。社会とは、人と人との相互作用であり関係である。

この「社会」は、私たちの相互作用からなるとはいえ、自分たち次第でいかようにもなるといったものではない。社会を織りなす相互作用には、さまざまな内容と形式がある。ジンメルによれば、私たちは、実際さまざまな必要や目的によって他の人びとと関わるが、そうした相互作用の諸形式は、個々の担い手を離れ、それ自体として自律する（Simmel 1917=1966：訳 81）。例えば、法は、諸個人間の関わりの中でつくられてきたが、そこから独立し、逆に人びとのあり方を拘束する。社交も同様に、諸個人の相互作用そのものでありながら、その形式が自律し、参加する人びとにある適切なふるまい方を要求する。

現に自分たちが行っていることでありながらも、私たちは自分たちの行いをそのときどきの相互作用に合わせなければならないと感じる。そう私たちに感じさせる圧力は、特定の誰かに由来するものではなく、デュルケムの呼ぶ「社会的事実」がそうであるように、誰にとっても外在する。いったん立ち上がった社会は、私たちに対して外部から迫ってくる。

このような社会は、私たちをその社会に合うように形づくる。ジンメルにいわせれば、人間は「種々の収容力、能力、可能性などから成る、ひとつの未完成な複合体」であり、そのときどきの社会の形式のなかに流し込まれ、ひとつの分化した形象をなす（Simmel 1917=1966: 訳 87, 86）。家族内では家庭人、学校では学生や教員、企業では労働者等々。私たちの相互作用から成り立ちながら、いったん成り立つならば私たちを分化したある形へとつくりあげ、拘束する、そのような社会を、私たちはごく身近な友人たちとの集まりにおいても実感するのではないだろうか。

そしてここに個人と社会の関係という問題が浮上する。

3 全体と部分の関係形式

ものの性格を最終的に決めるのは、それが全体であるか、部分であるかということだ。（Simmel 1903=1999: 訳 114）

私たちは各々一個の存在であり、ひとつの全体である。端的に、ひとつの身体で一度限りの人生を生きているという意味で唯一無二の存在である。同時に、私たちは、社会の諸部分のひとつである。個人は「社会化のなかに包摂されると同時にそれと対立もし、その有機体の成員であると同時に、それ自体で完結した有機的な全体でもあり、社会化のための存在であるとともに、自己のための存在でもある」（Simmel 1908: 訳上 51）。一個の全体でありながら同時に社会の部分であるという私たちのあり方の形式が、社会との関係の核にある。

部分としての個人は、社会という全体のなかで部分的な役割の担い手である。「社会は、その諸個人おのおのがたんに一成員であるような、ひとつの全体であろうとし、ひとつの有機的統一体であろうとする」(Simmel 1917=1966: 訳 109)。「社会の歯車」という言い方がある。企業でも学校でも、ある集団・組織の一員となれば、人は、全体のなかで求められる部分となる。

このような社会のいくつもに、人は部分として関わる。家族、学校、企業、サークル、仲間集団、いずれもそれぞれ社会をなし、人はそれぞれの部分をなす。ジンメルによれば、個人の属している多様な圏の数は、文化の測定器のひとつである(Simmel 1890: 訳 112)。分化が高度に進んだ現代、私たちは、それぞれに異なる多様な社会に属しており、そこでの部分としての役割を負う。

もし個人が単に部分としてだけの存在なら、人は部分としてその生を全うし、そこに何ら葛藤は生じまい。だが、個人は常に部分を超えた存在である。社会が個人を社会の要求に合わせて部分化しようとしても、個人はそれに完全には従いえず、何らかの形で抵抗する。単純にいって、私たちは自分が属している諸集団・組織それぞれの要求や都合に自分をすっかり合致させることなどできないし、そうしたいとも思わないだろう。第4章で見たように、全体への完全な適応はゴフマンにいわせれば一種の自己喪失であり、通常そうはならないのが私たちである。もしそれを強いられるなら、程度の差はあれ誰しも苦痛を感じるのではないか。

さりとて、部分であることを放棄して生きることができるかといえば、そうもできない。私たちは自らを部分化する結合のなかで生きている。他者との交わり、社会との関わり、つまり自分よりも大きな全体のなかに部分として組み込まれること、そこに何らかの居場所をもつこと。このことは、単に生存上のみならず、私が私であることの支えである。私は私を部分化する結合を通して、ある程度安定した何者か、例えば、家族の一員、組織の一員など、になる。しかしまた、私は個々の部分に収まりきらない。かくしてジンメルはいう。

その諸要素にたいして部分的機能の一面性を要求する全体と、みずからひとつの全体であろうとする部分とのあいだにみられるこうした矛盾は、原則上解決できない。（Simmel 1917=1966: 訳 110）

社会全体や部分個々の具体的な内容はさまざまであっても、以上のことは一貫したひとつの形式である。

ここで疑問をもつ人もいるかもしれない。部分といっても、実際の社会のなかでその内実は一様ではない。問題は、単に部分であることではなく、どのような部分であるか、ではないのかと。たしかに、現代日本社会という単位で考えてみれば、ひと口に部分といってもいろいろである。格差社会といわれる中で、上層に位置し安寧で贅沢な暮らしを享受できるような部分もあれば、逆もある。「社会は不平等な諸要素からなる構成体」（Simmel 1908: 訳上 52）であり、個人にとっていかなる部分に位置を占めるかが大きな違いを意味することは間違いない。同じことは属している全体についてもいえる。人は単なる全体に属するのではなく、何らかの具体的な性格をもった全体の部分となる。例えば、同じ「国」でも、どの国に属すかの違いは大きい。もっと形式的なことをいえば、規模が小さく凝集性の高い全体の部分であることと、大規模で凝集性が低い全体の部分であることは、かなり異なっているだろう。戦争状態の社会と平和な社会を対比させれば、たしかに全体の具体的な性格ないし状態がそこに属する個人の運命に及ぼす影響は重大である。

ちなみに付け加えておけば、ひとつの社会内部の差異、社会間の差異、いずれもまた社会分化によって促進されてきた。分化とは、単純・同質なものから複雑・異質なものへと分岐していくことである。現代社会は高度に分化し、諸個人も分化している。分化は、諸部分間に差異と相互依存関係を促進しつつ、事実上、不平等や格差を生み出してきた。例えば、人びとが資本家と労働者に分かれ、労働者がホワイトカラーとブルーカラー、正規雇用と非正規雇用などに分けられてきたように。現代ではこの不平等と格差が大きな問題となっている。どのような全体のどのような部分かによって、個人の生活は実際大きく左右される。

しかし、それ以前に、端的に、部分であり全体である、という私たちの根本的なあり方の形式がある。それゆえにまぬがれえない社会との葛藤がある。私たちは、社会のなかで部分化されつつ部分としてそこに完全に溶け込むことはできず、しかしまたひとつの全体として部分であることをやめてしまうこと、全体から離れて生きることもできない。個人を部分とする社会と、一個の全体としての個人。その葛藤は、私たちが社会のなかで生きる条件である。しかも、社会と個人の間のこの葛藤は、個人内部の葛藤へと持ち込まれうるとジンメルはいう。人は、自分自身を分割し、社会との間の葛藤を、自分の中で分割した諸部分間の葛藤として経験しうる。例えば、もっと組織の期待に応えよ、という要求は、ただ外部から来るのではなく、自身の内の思いとなって、他方の、もっと自分の好きなようにしたいという思いを圧しようとする。社会との間の葛藤は、かくして個人の内なる葛藤となりうる。

こうして、形式上、誰もがこの葛藤を抱えざるをえない。その内容の具体的な現れ方は、どのような全体のどのような部分かによってさまざまでありうる。しかし、そうした内容をもたらすもとにあるのはこの形式である。もしこうした葛藤のない人がいるとしたら、それはどんな社会であれそこに完全に一体化し、つまりどんな部分であれ心底部分になりきって一個の自分というものを喪失しきっているか、逆に社会というものの認識を一切欠いているか、いずれかであろう。どちらにしてもかなり奇怪なことである。逆にいえば、この葛藤は、人が自分を喪失しておらず、たしかに一個の存在として生きている、同時に自分が決して一人で生きているわけではないことを知っている、ということの証といえよう。

4　部分性とカテゴリー

形式の話を続ける。人は、互いに部分であり全体である者として相互作用し、関係を形成する。相互作用ないし社会は、先述のように、その形式に合うものをとりいれ、それ以外を外部に締め出す。つまり、個人を部分に適合的なものとする。ジンメルが例に挙げるのは社交である。

社交の場では人は、各自の社会的地位や富、私的な感情や気分などを持ち込まず、単なる一参加者としてふるまうことを求められる（Simmel 1917=1966: 訳 87-88）。ビジネスの場であれば、人は私生活を背後に置いて、ビジネスパーソンとしてふるまう。つまり個々の具体的な内容はさまざまでも、ここにも同じひとつの形式が見出される。人は、互いに全体の部分であると同時に、またそのことによって、自分自身の一部分となって相互作用する。

全体の部分であると同時に自分自身の一部分である――個人のこうした二重の部分性は、相互作用の前提条件である。この前提に規定された相互作用で、私たちは互いに自分の一部分で相手と関わり、互いについてそこに現れている部分以外はよく見えず、よく知らない。こうした互いの見えなさを、ジンメルは「秘密」と呼んだ。それは、通常いわれているような、何らかの意図的な隠しごとを意味するのでなく、単に他者から見えないこと、知られていないことを指す。社会の分化は秘密を必然的に増大させる。逆に秘密は分化を支えもする。現代社会では、互いの秘密は増大している。秘密とは、互いの異質性と不可視性のことである。分化の進んだ現代社会で、私たちは互いに秘密多き者として、よく知らない人びと、せいぜいごく一部分を知るだけの他者たちと日々関わっている[4]。

とはいえ、他者と関わる際、相手その人を必ずしもよく知っている必要はない。私たちは、どのような相手にも一般的カテゴリーを用いて対することができる、というよりも、そうすることは形式上不可欠である。「学生」「教員」「店員」などの一般的カテゴリーを用いれば、個々に知らない相手にも私たちは対応できる。

一般的カテゴリーには、さまざまな知識が付随している。カテゴリーについて知られていることは、それを適用される人びとについて知られていることである（Sacks 1979: 訳 33）。カテゴリーは、関連する知識とともに「基本的に、人びとが現実をどのように理解するかを規定している」（Sacks 1979: 訳 25）。カテゴリーがあれば、相手その人を実際にはよく知らなくてもよく、相手との実際の相互作用経験から知識を得る必要もない。私たちは、カテゴリーを用いることで、相手について何がしかの一般的な知識を有し、相手と相互作用、関係形成できるのである。つまり、一般的カテゴリーは、各人が他者についてより個別的な知識を自前で積み上げていく手間を大幅に省き、相手と関係することを可能にしてくれる。それは、私たちにとって不可欠のものである。店に入ってそこに立っている人を個人的によく知らなくても、「店員」だとさえわかっていれば、商品について尋ねたり商品と引き換えに何の疑いもなく現金を渡したりできるのである。

一般的カテゴリーを私たちは他者に適用する。その仕方にはさまざまな程度がある。知らない他者、多数の集合については、ただ一般的カテゴリーを適用するしかないが、個人的によく知っている特定の人については、カテゴリーに含まれないその人の個性が前景化する。一方の極では、それを適用される人びとの個別性は無視され、他方の極では、その個別性ゆえ一般的カテゴリーは影を潜める。すべての人はこの両極の間に位置し（Simmel 1908: 訳上 47-48）、その位置により、相互作用と関係は異なった色調を帯びるであろう。

カテゴリー自体の意味もさまざまであり、そこに関係の遠近、知識の多寡などが含まれる。例えば、「隣人」と「友人」では含意は異なる。同じカテゴリーでもその意味は変化しうる。「隣人」も、昔と今、小さな共同体と大都市とでは異なるだろう。

一般的カテゴリーには、個人の二重の部分性が含意されている。例えば「学生」「教員」というカテゴリーは、双方が「学校」という全体のなかの各部分であることを示している。他方で、それらは、そう呼ばれる彼らの一部分だけを表している。カテゴリーは、そのカテゴリーを適用される人の全体を決して包摂せず、ただ一面だけを表しているにすぎない。「このカテゴリーはいうまでもなく彼を完全には覆いつくさないし、また彼もこのカテゴリーを完全には覆いつくさない」のである（Simmel 1908: 訳上 44）。

互いに適用する一般的カテゴリーは、全体のなかに相互を部分として位置づけ、関係を類型化し、そのカテゴリーを用いなければ不確かであやふやな関係者間の距離を当座定める。

私たちは、一般的カテゴリーなしに世界に対処することはできない。分化の進んだ社会において多様で秘密に満ちた他者に対して一般的カテゴリーで応ずることは、ますます欠くことができない。あまりにも多くの多様な人びとに対して、私たちはその個別性にいちいち目を向けてなどいられない。個別性を適宜捨象していくことは、複雑な社会への私たちのある種の適応の形ともいえ（Simmel 1903=1994: 訳247）、そのことによって何か直接的な不利益がもたらされない限りは、合理的なことである。私たちは一般的カテゴリーを通して多様な他者に対処する。

かくして人が他者に一般的カテゴリーを適用することは、社会生活上不可欠の形式である。だが、改めて強調しておけば、一般的カテゴリーは、第一に、その内容がどのようなものであれ、適用される者の一面に言及するものにすぎない。このことは、通常自分自身についてはよく意識される。他者が私に適用する一般的カテゴリーはどんなものであれ私を言い尽くしはしない、ということを人は自分についてはよく知っている。他方で、他者について、同じことが同様にいつもよく意識されているとは限らない。他者は、相手と私が出会っている関係において、私に対してまさにその一面によって現れているからであり、また一般的カテゴリー自体がまさにその一面をクローズアップするからである。第二に、カテゴリーに伴う知識は、あくまで一般的で既成のもの、多分に紋切り型のものである。「われわれは彼をその純粋な個性にしたがって見るのではなく、われわれが彼を数えいれた一般的な類型によって担われ、それによって高められたりまた低められたりした彼を見るのである」。そして「彼の純粋な独立存在はこの類型とは一致しない」(Simmel 1908: 訳上44)。一般的カテゴリーでは、個々人の全体性と個別性は度外視される。カテゴリーに付随する知識は、個々人の外部で当人に先だって、というよりほとんど無関係に形成されたものである。

そのようなカテゴリーが私と他者との関係を規定する。かくして、私たちの関係は、互いについての知識に基づき営まれ、また互いの知識は、関係に基づいて発展していくこととなる(Simmel 1908: 訳上352)のである。

5 「若者」というカテゴリー

ここまで、個人と社会との関係について基本的な形式を確認すべくだいぶ回り道をしてきた。

さて、「若者」とは、一般的カテゴリーである。本章でも冒頭から使ってきた。それは、現代社会で非若者・大人たちによってよく使用されるカテゴリーのひとつである。非若者たちによる「若者」カテゴリーの使用。このことが「若者」に括られる人びとに及ぼしている作用は、外から観察されうるものもあれば、それ以上に、作用を受ける人びとの主観的観点に依存する事柄であり、要するに総覧することは不可能である。だが、それが甚大であることは確かである。最初に述べたように、大人たちは先行世代として、さまざまな点で、若者に対して社会的に優位に立ち、多大な影響力を行使している。そうした人びとによる、「若者」カテゴリーの盛んな使用、「若者」をめぐる飽くなき語り、知識の生産、それらに基づく若者へのふるまい、関係……。ようやくこの問いにもどってきた。一方は他方に対して何をしているのであろうか。その一端を見ていきたい。

「若者」カテゴリーは、ある種の人びとを、全体のなかから「大人」や「子ども」などとは区別される存在として括り出す。「若者」とは何か。広辞苑では単に「年若い人」である。社会調査などでは、例えば一六歳から二九歳などと年齢区分が設定されるが、〈5〉もちろんあくまで個々の調査の都合上、便宜上のことである。日常生活で用いられる一般的カテゴリーは、輪郭が漠然としているのが常である。そしてまた、そこには単に年が若いことにとどまらないさまざまな知識が付随している。

単純に考えれば、人は自動的に年を重ね、社会成員中の年若い人もやがて「大人」になる。「若者」から「大人」への流れは連続している。「若者」と「大人」の間に年齢差以上の差異を特に認めない社会もあろう。だが、現代日本社会では、「若者」には、「大人」に対して年齢差には還元されない異質性が付与されてきた。

単なる年齢の差ではない異質性によって「若者」という固有のまとまりが見出されるようになったのは、年若い人びとの姿が、大人たちの目に、自分たちとは異なる独自のふるまいの様式、いわば文化を体現していると映るようになったことによる。〈6〉山田真茂留によれば、一九五〇年代なかば、「若者文化」が析出され、以来、若者文化論が生みだされてきた（山田 2000）。年若い人びとについて語る言葉が「文化論」として成り立つということは、彼らが外部からひとつのまとまりとして固有の特性を有して見えるということであり、また、外部者の間で、それを対象に論じるという営みが触発され、またその需要もあったということである。ひとつのカテゴリーのもとで異質性を帯びた人びとと固有のあり方がひとつの焦点となり、大人たちの間に、彼らについて語るという態度が設定される。その語りは「若者」

をめぐる知識を生みだしていく。

「若者」である人びととは「われわれ」大人とは異なる人びとである。このことを端的に表現したのは、よく知られているように一九八〇年代の「新人類」という言葉である。この時期には「新日本人」（小川 1983）、「異星人」「異人」（中野 1985, 1991）など、類似の言葉が「若者」の異名として生まれた。これらは、必ずしも同一世代を指していないが、いずれも同時代の年若い人びとの、先行世代との断絶を強調する言葉である。一九三三年生まれの中野収は、『若者文化人類学――異人としての若者論』（1991）のあとがきで、教師になって最初の数年は学生たちを「同質の同じ文化圏の住人だと思っていた」が、団塊の世代入学後、「たくさんの異質なものを発見することになった」という。そしてある日「異文化の住人」ということばがひらめき、以来「ぼくらの常識では人間とはいえないがこれも人間なのだ」という認識、「文化相対主義」の視点に立ち、「同時代の内なる異質を対象とした文化人類学」を続けてきた、という（中野 1991: 244–247）。

一九三六年生まれの小川明は、一九八〇年代、「新人類」に先んじ、著書『感性革命』のなかで、「パスポートは同じジャパニーズでも二種類の日本人」がいる、として、従来の「日本原人」に対する「新日本人」の出現を論じた（小川 1983: 13–14）。その考察によれば、新日本人は、従来の「良い・悪い」ではなく、「快・不快」を判断のキーポイントとしてふるまう、「感覚重視」「感性重視」（小川 1983: 42–43）の人びとである。旧世代との差は、『感性革命』という本の題名が示す通り、連続的な変化というより断絶である。小川は、今後の日本社会をリードするのは新日本人であると主張し、旧世代に対して「日本原人」の「悪習」から脱皮しようと呼びかけた。曰く、「整然より雑然、統合より分散、支配より参画。大雑把で、あいまいで、どこかとりとめのない感じに慣れなくてはいけない」。「「理論」より「思いつき」を尊重しなければいけない。好き勝手を秩序だてる才覚が要求されている」（小川 1983: 166）。大人が大人に語る「若者」論であり、社会批判と提言のため、「若者」がいわば言語的資源として使われている。

この時期の論じ方には、「若者」の異質性を、新しい時代を体現するものとして肯定的に捉える態度が見られた。小川は、旧世代を批判的に相対化すべく「若者」を論じた。その後、九〇年代に入ると、浅野智彦（2006）が指摘するように、また近年の論調に明らかなように、「若者」の異質性はそれ自体が批判的、否定的に語られるものとなっていく（7）。

肯定的、否定的、いずれにせよ、「若者」に、年齢差には還元しがたい異質性を付与する点では、一九八〇年代の基調は九〇年代以後も一貫している。「新人類」などの八〇年代のカテゴリー群は、「若者」を、「われわれ」への同化が約束されない、何か架橋しがたい異質性を帯びた存在として際立たせるものであった。そうした態度は、八〇年代の「若者」が肯定的に評価されたことによって逆説的にも促進されたように思われる。否定あるいは矯正されるべきものと見なされていれば、その異質性はまさに否定される、あるいは何らかの形で同化のターゲットとされよう。だが、小川の語り方に端的に示されていること、それは、否定されなければならないのは、旧世代の「悪習」、古さであって、「若者」の側ではない、ということであった。そこでは同化の方向も革命的に逆転している。伝統的な方向、すなわち大人が年若い者を指導し、若い者が年長者の社会に適応・順応しなければならない、というのではなく、逆に、大人たちの方が年若い者の新しさについていく努力をしなければならないのであった。年若い者を既成の社会に同化し包摂しようとする努力や圧力は、むしろ時代に逆行するふるまいとして否定され、あるいは時代遅れや時代錯誤などとして揶揄され、結果、薄まらざるをえない。とはいえ、若い者に学ぼうとすれば、大人は必然的に遅れをとらざるをえない。「若者」とされる年若い人びとは、大人たちにとって、「われわれ」への順応を迫ることもできなければ、さりとて、相手に合わせることも難しい、という、きっぱりした態度のとりづらい他者となる。語ったり論じたりすることは、実際そうした中途半端な距離において触発される〈8〉。

一九九〇年代以後、若者文化論は困難になっていると山田真茂留はいう。その分析によれば、それは若者文化そのものが、まずは七〇年あたりに「対抗性」を失い、その後、残された「下位性」をも失って、文化として終焉を迎えたことによる。今では「若年層全体としての動き」はほとんど見られなくなり、あるのは個々の動きにすぎない（山田 2000：30）。このことは、いいかえれば、若い人びとが固有のまとまりという体をなさなくなったということであろう。たしかに「若者」というまとまりに帰属させることができるような固有の様式や動きを現代見ることは難しい。若い人びとの間でも分化は進行し、相互の不可視性と異質性、多様性が高まっている。かくして山田曰く、「若者たち自身が自らをひとつのカテゴリーとして認識するのはますます困難」になっている（山田 2000：23）。

このことは端的に「若者」カテゴリーの困難を意味している。ひとつの一般的なカテゴリーで総じて年若い人びとについて語ることそれ自体に無理が来ているといえそうである。「若者文化」の困難という状況は、それを論じてきた側においては、論じるのが難しくなっているという認識となって現れているると山田は指摘する（山田 2000：23）。年若い人びとの間で自らをひとつのカテゴリーとして認識するのがますます困難になっているのだとすれば、大人たちから見て、彼らが明確な像を結ばないのも無理はない。年若い人びとにとって、「若者」カテゴリーは、自分たちを何らかの共通性をもつまとまりとして捉える旗印としては機能していない。彼らにとって「若者」であることは、単に、年若い、という辞書的意味の域を出ず、彼らのそれ以上の共通性はといえば、外から「若者」カテゴリーで括られる、ということ以外には見出すのが困難になっているといえよう。

6　カテゴリーの使用と作用

しかしながら、「若者」カテゴリーを用いた、「若者」についての語りは依然として盛んである。たとえ年若い人びとのあり方がひとつのカテゴリーで括れるような体をなさなくなっているとしても、そのまとまりのなさは、カテゴリーの困難としてよりも、「若者」のますますのわからなさとして、語りを生む。

実際、一般的カテゴリーとしての「若者」は、括られる人びとがどうであるかにかかわりなく、辞書通り、単に「年若い人」を指し示す、という「中立的」な機能をもって自立している。その点で、堅さと有効性を備えた便利なカテゴリーである。そのことを担保しつつ、「若者」カテゴリーは、その外延も内包も捉えづらい人びとを括り続ける。もちろん一般的カテゴリーとはおよそそのようなものであり、すでに見てきたように、その使用は私たちにとって形式上不可欠である。かくして、大人たちは「若者」を異質な他者として眺め、論じ、評価、批評しながら、彼らに関する知識をつくり続けている。

その営みを通して、現代の若者像が不断に構成されていく。

では、わかりづらい他者たちに対して、一般に人はどのような態度をとるであろうか。通常、特段の動機や関心がなければ、人はその対象をよく知ろう、わかろうと特に努力しないものである。動機や関心は、関係次第であり、自分とは直接関係がないと思える他者に関心をもつことは難しい。その意味では、年若い人びとへの関心も、人によってまちまちであろう。特に支障がなければ、無関心を決め込むことも可能である。だが、少なくとも日常の生活において、彼らの存在は身近である。個人的な関係がない場合にも、公共の空間でその姿を否応なく目にするだろう。また同じ日本社会あるいは地域の構成員として、まったく無関係ではありえない。そんな年若い人びとの動向に、人は、それぞれの関心の程度に応じて、何らかの知り方をもって対する。

「若者」に関する知識は生産され続けている。一般的カテゴリーは、そもそも個別性を度外視するものであるから、このカテゴリーをめぐる知識は、いずれにせよ、類型的で大雑把なものであり、しばしば全称の形をとる。曰く「若者は……である」。「最近の」「○○な」などの多少の限定がつくことはあるだろうが。

他方、外から括られ、語られ、外部で生産される知識によって「理解」されたり「評価」されたりする側は、それに対してどのようにふるまうだろうか。さまざまな対応の仕方があるだろう。少なくとも、彼らは自分たちについて語られている事柄を知るだろう。その上で、単純に、自分にはあまり関係のないことと無視することもできるだろう。その一方で、それらの知識は、年若い人が自分について何らかを考える際、ひとつの参照先ともなりうる。単なる参照先を超え、自己理解・解釈の枠組みにさえなるかもしれない。その知識は、今ここに限定されず、生活史という時間のなかに挿入されうる。つまり、将来の生活に作用したり、過去の解釈に用いられたりするなど、長期的な影響を及ぼしうる。年若い一時期に外からいわれた事柄がいかにその後の人生にもある種のキャリーオーバー効果をもつかは、かつて盛んに語られた団塊の世代を見ればよいだろう。「ロスジェネ」や「ゆとり世代」といわれている人びとも、それを背負っていくのではないか。

ある一般的カテゴリーで括られる当事者が、そのカテゴリーと知識に違和感や苦痛を感じる場合もある。第一には、一般的カテゴリーと知識で扱われるという形式自体が違和感をもたらしうる。それらは個人の個別性を汲まないからである。先入観で見られるなどといわれるような扱いがこれである。その上で、もうひとつ、それらの具体的な内容をめぐる違和感や疑問、苦痛などがありうる。いずれにせよ、こうした場合、そこで一般的カテゴリーに対して異議を申し立て、それを返上したり、その意味を変更しようとしたり、新たなカテゴリーを掲げようとするなどの活動が行われることがある。例えば、公民権運動における「黒人」、セクシュアル・マイノリティの「クイア」など。[9] それらはアイデンティティ・ポリティクス（Anspach 1979）と呼ばれもする。アイデンティティ・ポリティクスは、そのカテゴリーで括られる当事者たちが、そのカテゴリーと自己との結びつきを引き受け、そのカテゴリーにコミットしているとき、まさにそのことによってエネルギーを得る。活動に関わる人びとは、外から付与されるそのカテゴリーにいったん自己を投錨し、同じカテゴリーで括られるという運命共同体の構成員として連帯・協同する。

しかし、「若者」はどうか。「若者」カテゴリーでは、そのような異議申し立ても難しいのではないか。

年若い人びとにとって「若者」はアイデンティティを投錨するほどのカテゴリーとはもはやいいがたいことを先に見た。帰属意識を鼓舞されるカテゴリーでもない。「若者」とされる者が、「若者」に関連して語られる事柄に疑問や違和感を覚えたとしても、それに対して反論するということも難しい。「そうでない若者もいる（自分は違う）」「そういう人も中にはいるかもしれない（自分は違う）」といったような、言葉としてはあまり勢いのない部分否定的なものとなろう。彼らとて「若者は……である」という語り方は不可能である、というよりも、彼らこそ、そのような語り方がおよそ現実的ではないということを知っている。分化の進んでいる今、彼ら同年代、同世代の間でも、異質性と相互不可視性は高まっており、自分と自分に関わりのある人間関係以外の他者、「若者」一般のことなど、よくわからない。それにカテゴリーはそもそも、その一面性ゆえ彼らの誰をも全体として包摂することはないのである。単にその存在が「若者」であるという者はいない。それは「若者」に限ったことではなく、一般的カテゴリーに共通のことである。

7　知識と関係の発展

「若者」カテゴリーは、一方で、辞書通り、単に年若い人、という実体的・中立的なカテゴリーとして、また他方では、年若く「若者」カテゴリーで括られるという共通性以外の共通性をほとんどもたない人びとの集合に関する一般的な知識をつくりだし付け加えていくペグ（Goffman 1963b: 56, 訳 100）として、便利に使い続けられている。

「われわれの関係は、おたがいについての相互の知識にもとづいて発展し、さらにこの相互の知識は、事実上の関係にもとづいて発展する」。そして「この相互の知識と事実上の関係とは解きがたく絡み合う（Simmel 1908：訳上352）、とジンメルはいう。たしかにそうに違いない。私たちは互いについて知っていることに基づいて関係をつくっていく一方、関係を通してお互いについてさらに知っていく。

現代、個々の相互作用経験から得られる知識を飛び越えて、「若者」に関して生産されてきた一般的な知識が広く流通している。実際、私たちは昨今の「若者」についていろいろなことを「知って」いる。そして、ジンメルがいうように、関係は知識に基づいて発展する。

「若者」に関する知識を通じて、私たちは「彼ら」との間にどのような関係を「発展」させているであろうか。それもさまざまであろう。一九九〇年代後半、大塚英志は、少年たちのナイフを使った犯罪報道に寄せて、当時の大人たちの態度について、なかば苛立ちを込めて書いた。曰く、「少年」たちが起こす事件に関する認識の「画一性への意志」と「個別性」の消滅（大塚 1998：271）、事件報道に接して自分の身近にいる「子供が恐い」という教師や親たち。大塚は、親や教師、マスコミにおいて、「子供」や「少年」が「理解不能の何か異質な存在に変わってしまった、という視線がより一般化したという印象」を語り、大人たちの側に、「彼らを理解しうるとか、年長者として導きうるといった態度は存在せず、ただ、異質な存在に対する拒絶や判断停止のみがある」（大塚 1998：275）と評した[10]。大塚によれば、それは、大人の「子供という他者に対する想像力の欠落」（大塚 1998：276）であった。

では、現代の大人たちの「若者」をめぐる知識と想像力はいかなるものであろうか。大人といってもこれもカテゴリーであり、実際にはさまざまな人がいる。自らの日常生活圏内でいく人かの年若い人びとと至近距離で関わるとき、人は彼ら一人ひとりの個別性を見るだろう。そのような関わりを超え、より一般的な水準で「若者」に関わる立場にある人びと、とりわけ「若者」に対して何らかの公的権限をもっている人びとは、「若者」に括られる人びとに大きな影響力をもっている。彼らの知識と想像力のいかんに、年若い人びとは否応なく左右される。

近年話題になった一例をとりあげてみる。非常に印象的な事例である。二〇〇九年五月、足立区の公園に「高周波音発生装置」が試験的に設置されたことが話題になった。この装置は、主に一〇から二〇歳代の若者にはよく聞こえるがそれ以上の大人には聞こえにくい不快な高周波音「モスキート音」を発生させる。これによって、若者が深夜公園にたむろするのを防止するのが狙いである。区の公開している情報〈11〉によれば、この装置の導入を決める背景には、区と公園や近隣住人が被ってきた、深夜の騒音、器物損壊などの被害があった。区では、深夜公園の防犯カメラに「公園設備を破壊している中学生・高校生程度の若者が映し出されていたこと」から、破壊行為の中心が「若者」であるならば、「若者」は深夜に外出すべきでない、とする都の条例もあり、モスキート音が使えるのではないかと考えた、としている。取扱業者によれば、この音を聞いた「若者」は、フィールドテストの結果、平均八〜一〇分、早ければ二〜三分でその場からいなくなる、という〈12〉。朝日新聞はこれを「騒ぐ若者　高周波で撃退」と報じた（二〇〇九年五月二〇日夕刊）。区の対応について評することはここでの目的ではない。この装置を若者除けに利用しているのは当区公園だけではない〈13〉。

知識に基づく関係の発展というならば、ここで「発展」しているのはいかなる関係であろうか。ここでは、「若者」は、大人を除外できる身体的な共通性によって、まさに身体として、一括対応可能な対象として扱われている。この装置は「簡単で、安全で、優しい方法[14]」であるという。およそ相互作用、人間関係において「簡単で、安全で、優しい方法」とはいかなるものであろうか。「簡単」とは、装置の設置と操作ですみ、若者に直接対応する手間と負担を省くことができ、効果（ここでは若者を物理的に立ち退かせること）があげられるということであろうか。推察するに、「安全」で「優しい」とは、大人たちにとっては、やはり直接対応の「危険」や「難しさ」を避けることができるということであろうか。それは「若者」にとって、「これにより特に健康被害が発生することは考え難い」（日本音響研究所所長鈴木松美博士）、「子供や若者が長期間モスキートが発する高周波／超音波にさらされても、著しい健康への悪影響は確認できなかった」（イギリス健康安全局）ということも意味するのであろうか。若者たちは、物理的な身体として扱われ、身体そのものへの害はないであろうというやり方で物理的に身体丸ごと排除される。ここにあるのはいったいいかなる「関係」か。

ジンメルは問う。「双方あるいは一方の他方についての知識が増大することのみによって、存在する関係はいかにその発展を規定されるか」（Simmel 1908: 訳上 351）。

「われわれの行動は全存在にたいするわれわれの知識にもとづいてはいるが、この全存在にたいするわれわれの知識は、独特の制限と歪曲とによって特徴づけられる」（Simmel 1908: 訳上 352）。制限と歪曲は、絶対的な知識がありえない以上、われわれの他者に関する知識の常態である。それに基づいて、われわれは他者との関係を形成していく。

他者を異質で不可視であると認識すること、そしてそのような他者に関するわれわれの知識が制限され歪曲されたものであると認識していることは、重要である。他者の異質性と不可視性の否認は、他者の否定である。知識の絶対化は誤謬である。問題は、他者の異質性と不可視性、知識の「制限と歪曲」を前提とした上で、一般的カテゴリーを形式上不可欠とする関係において、どうするか、である。

大人たちは、「若者」をめぐる語りを通して、彼らに関する知識を生産し、「若者」に帰属させ、その知識に基づいて「若者」との関係、「若者」への態度を形成する。「最近の若者は……である」、そのようなものとして「若者」を構成してきたのは大人たちである。そのカテゴリーで括られる人びとは、「外国人」や「女性」が統一的な像を結ばないのと同様に統一的な像をなさない。しかしながら「若者」カテゴリーは、単に年若い人びとを指すという中立性を担保として用いられ、「若者」に関するさまざまな知識のペグとして機能し続ける。一般的カテゴリーの使用それ自体は、繰り返すが、形式上まったく必要不可欠なことである。

多様な年若い人びとの姿のなかから折に触れて目につく形で浮上してくる事例をもとに、「若者」に関する知識が構成されていく。その過程を通して形成される、「若者」への大人たちの関係、そのひとつの「発展」形に、先述の「簡単で安全で優しい」方法による「若者」への関わりがある。若者を身体として扱い物理的に排除すること。それはもはやコミュニケーションではなく、「相互」作用ともいいがたいが、たしかに関係ではある。

私たちは、ともにひとつの全体のなかで部分として生きている。そのなかで、さらに自分自身の一部分で互いに接する。一般的カテゴリーは、そのような私と他者を架橋する。カテゴリーを通して私は他者と出会う。しかしカテゴリーは一人ひとりの存在を言い表してはいない。そのカテゴリーについての知識は、他者その人についての知識ではない。他者をカテゴリーで一括し、それについて語り、知識を蓄積し、それに基づいてその他者との関係を調整すること、それは相手と出会うことではない。他者との出会いにおいて、私たちは、いつも互いの異質性と不可視性、知識の不完全性という条件のもとにある。そのことに立ち返るとき、私たちは逆説的にも、決してすべては知りえないということが保証してくれる出会いの汲み尽くしえない豊かさに触れるのではないだろうか。

注

〈1〉若者の人間力を高めるための国民運動ウェブサイト〈http://www.mhlw.go.jp/houdou/2005/10/h1004-1.html, 2010.5.16〉より。

〈2〉子どもも同様である。

〈3〉「生きづらさ」を操作的に定義し測定する、という接近も他方では可能であろう。例えば、就業状況、収入、あるいは生活満足度調査結果などの指標を用いるなど。これもひとつの見方であるが、ここではとらない。大企業で期待されるポストについて活躍し、家族にも恵まれている、資産もある、という人が深い悩みを抱えている、というならば、それを誰も否定できない。幸不幸は主観的なものとしてここでは捉える。

〈4〉私たちのこうした関係について、菅野仁（2003）はジンメルの議論をもとにわかりやすい考察を展開している。

〈5〉例えば、浅野智彦らの青少年研究会調査（浅野編 2006）。

〈6〉その過程はそれ自体興味深い。ここでは、明治期における「若者」ならぬ「青年」の誕生過程を克明に描き出した木村直恵の『〈青年〉の誕生』（1998）を挙げておきたい。言説空間と実践の空間において「「青年」的実践」と「主体」が登場し成立していくプロセスとその社会史的な意味が論じられている。

〈7〉浅野は、一九八〇年代の若者論が若者に対して肯定的な評価を下していたことを指摘した上で、一九九〇年代には肯定的な若者像が大幅に後退し、若者が否定的に語られるようになっていくことに注目する（浅野編 2006：3-4）。この変化には、さまざまな要因が絡んでいるであろう。「若者」やその隣接カテゴリーというべき「少年」と呼ばれる年代の人びとによって引き起こされた事件の影響もあるだろうが、ここでは、変化の要因を探ることは目的外なのでおいておく。

〈8〉当時、一部の大人たちや「若者」自身がその状況を大いに利用した。「若者」の「動向」に関する語り、情報は、大人たちのビジネスで需要があり、端的にお金になった。消費者としての若者を知り、そこから利益を引き出そうとするビジネスに対して、そうしたビジネスに応じて若者に関する情報を売る商売が成り立った。シンクタンク、マーケティングリサーチ現場の片隅で私もその過程を経験した。

〈9〉他にも、非正規雇用、失業者などの「プレカリアート」などを挙げることができるだろう。「運動」「活動」と呼べるような組織化されたものでなくても、サックスがとりあげた、「ティーンエージャー」に対する「ホットロッダー」なども同様の例であろう（Sacks 1979）。

〈10〉少年犯罪に関する報道・知識の流通が大人たちの少年への対応に変化をもたらす、そのことを垣間見せてくれる事例研究として、高原正興の万引き研究（2001）が興味深い。

〈11〉足立区公式ホームページ〈http://www.city.adachi.tokyo.jp/hodo/ku/koho/series/0610.html, 2010.5.16〉より。

〈12〉以下の「高周波音発生装置」に関する情報は、英国コンパウンド・セキュリティ社（モスキート製造元）国内総代理店株式会社メルクウェブサイト〈http://www.mosquito-jp.com/index.html, 2010.5.16〉による。

〈13〉私の勤務先近くの商業施設でも同装置が設置されているようである。大学生も含め若い人びとが数多く利用する施設だが、出入り口付近に若い人びとがたむろするのを防ぐのが狙いであろうか。街中でモスキート音の存在を探知し教えてくれた学生に感謝する。

〈14〉 英国コンパウンド・セキュリティ社（モスキート製造元）国内総代理店株式会社メルクウェブサイト〈http://www.mosquito-jp.com/index.html, 2010.5.16〉で装置の性能、有効性について書かれた文章中で用いられていた言葉である。簡潔でわかりやすく象徴的である。本章のサブタイトルもここから引いたものである。

第7章　ゴフマン相互作用論の地平

「今ここ」を生きる、とは

1　はじめに

本書ではさまざまな研究者に学び考察を進めてきたが、なかでも、E・ゴフマンから多くの示唆を得てきた。ゴフマンの社会学は、ドラマツルギー、スティグマなどといった言葉とともによく知られている。今ここで彼の社会学を解説する必要はないだろう。本章では、ゴフマンが相互作用とその秩序に注いだまなざしはどのようなものであったかを振り返り、そこから見えてくることを今一度確認し、その上で、彼の相互作用論を現代社会研究にさらに生かしていくための課題を提起していきたい。

その課題とは、具体的には、ゴフマンが見出した相互作用秩序、それを流動的なもの、変化していくものとして、いかに考察していくか、ということである。私たちが他者と共にいる場面、その場面だけに焦点を当て続ける限りでは、相互作用秩序の「変化」を考察することは難しい。個々の場面で見られるのは、秩序からの逸脱やその修復、攪乱やその処理など、一回性の出来事、つまり一つひとつのエピソードにすぎないからだ。では、何が必要なのか。それは、個々の場面を超える「時間」という観点であろう。そしてここでは、そのような観点をゴフマン自身がたしかにもっていたことを示したい。

彼は、自らの研究対象を、人びとがある空間で実際に出会い別れるまで、を一区切りとする「共在」に限定しながら、それを超える「時間」、いいかえれば、個々の場面を超えて持続していく個人の「生」と「社会」という存在について考えていた。本章では最後に、この点を彼の論考、「アクションのあるところ」から読みとり、その上で、そこからひとつの問いを引き出す。私たちはゴフマンの相互作用論を通して問われる。「生きる」とはどういうことなのか、と。

2 対面的相互作用へのまなざし

人が人と共にいるところ、これがゴフマンが選び一貫してとりくんだ研究対象である。それは紛れもなく、私たちが日々を他者と共に過ごしていく、その現場である。

彼が『日常生活における自己呈示』（邦題『行為と演技』）（Goffman 1959）を皮切りに主要な著作を次々に発表した一九六〇～七〇年代、アメリカ社会学の主流は、パーソンズの社会システム論であった。文字通り体系的な、社会の一般理論へと社会学者の関心が向かっていた最中、ゴフマンはその対極ともいうべき方向に目を向けていたのだ。

日常の状況における対面での相互作用〈1〉の研究には、まだ適切な名前がついていない。それに、この研究でどの範囲まで分析するかという点も明確になっていない。（中略）とはいえ、研究の主題ははっきりしている。複数の人が対面していることによって生じるさまざまな出来事（イベント）の全体、それが主題である。ある状況のなかで人びとは、意識してか否かは別にして、ちらっと見る、身ぶりを見せる、立場を決める、発言する、といった動作を連続的に行うわけで、それらの動作こそが、この研究の素材としての行為に他ならない。（Goffman 1967: 1, 訳 1）

ゴフマンは、人びとが共にいる場面それ自体を主題とする独自のパースペクティブを切り拓こうとした。人びとが共にいる場面、それは実に儚《はかな》い対象である。それは、ある空間、ある時間に、人が他の人と出会うことではじまり、去ることで終わる。このようなその場限りの移ろいやすい出来事に焦点を当てることに、いったいどのような意味があるのだろうか。これに対して彼は、その研究が何を明らかにするのかという内容および、社会学におけるその位置づけとによって、答えている。

対面的相互作用の研究は何を明らかにするのか。『相互作用儀礼』（邦題『儀礼としての相互行為』）（1967）序文で、彼はその目的を明記している。第一に、相互作用の自然なユニットを記述すること、第二に、これらのユニット内およびユニット間に存在する標準的秩序を明らかにすること（Goffman 1967: 1-2, 訳 1-2)。ここでいう「秩序」とは、「人びとがいる場面に生じる行為の秩序」(Goffman 1967: 2, 訳 2）である。『公共の場における行動』（邦題『集まりの構造』）（1963）では、集まりにおける行為の適切さと不適切さが中心的に論じられるが、その目的はまさしく、「個人が直接的・物理的に他者と場を共有する時に、あるいはそのことのために、人びとが自分および他者をどのように統御するか、といった方針決定を支配する」「秩序の制約」について考察すること（Goffman 1963a: 8, 訳 10）と明記される。他者と共にいることは、私たちの生の最も基本的なあり方である。ゴフマンはそこに、まさにそれゆえに具現する固有の秩序——相互作用秩序——を見出す。

相互作用という研究対象は、とはいえ、必ずしも新規なものではない。ゴフマンよりほぼ半世紀前、ジンメルが、社会学独自のテーマとして、個人間の相互作用の研究を提案していた。ジンメルの社会学は、シカゴ大学社会学部の創設者であったスモールによってアメリカの社会学界に早くから紹介されていた。また、そのシカゴ大学で博士号を取得したブルーマーは、相互作用としての社会、という立場から、シンボリック・インタラクショニズムを提唱した。それは、六〇年代の主流派社会学へのアンチテーゼとして掲げられた。ゴフマン自身が大学院時代を過ごしたのもまさしくこのシカゴ大学であった。ゴフマンは、しかし、人と人との直接的な相互作用、共在を、独自のユニットとして見なし扱うという立場を徹底した[2]。自らの関心について、彼はいう。

> 相互作用を研究するとは、個人とその心理を研究するのではなく、個々人相互間に生じるいろいろな行為を系統的に研究すること（後略）。(not the individual and his psychology, but rather the syntactical relations among the acts of different persons mutually present to one another.)（Goffman 1967: 2, 訳 3）

> 人びとが主で人びとの契機（モーメント）が従であるのではなく、契機が主で人びとが従である。(Not men and their moments. Rather moments and their men.)（Goffman 1967: 3, 訳 3）

彼は、対面的相互作用を、そこに参加する個人それぞれの内面についての理解を経由するのではなく、そこに現れている行為の配列・関係において分析可能な独自の単位として見出す。この単位は、その上位にある何か（マクロ構造）を説明するためでなく、それによって説明されるものでもなく、また個人という下位単位によって説明されるべきものでもない。それは、それ自体、ひとつのシステムとして独立に捉えられ探究されるべきものである[3]。

こうして、私たちが直接身体的に互いの面前にいる場面――出会いや集まり、共在などとも言い表される――が、独自の視点から画定された。

対面的相互作用という研究対象の重要な性格を二つ挙げるとすれば、それは直接性と自明性であろう。誰もがそれを自明のものとして直接経験しており、そのなかで他者や自己を経験している。例えば、官僚制や家族制度といったような研究対象は直接経験することはできないし自明のものでもない。それらは社会学の概念体系のなかで対象として構成されており、それに関する経験と記述は、こうした概念体系に最初から依存している。それに対して、対面的相互作用は、たしかに、それを社会学にとって意味ある対象として画定しているのはその概念かもしれないが、何をおいても端的に直接経験されている。私たちは身をもってそれを体験し、さまざまな知恵や知識を動員し試行錯誤しながら、そのなかで現に他者と共に日々を過ごしている。

ところで、このような研究を、ゴフマンは、慎ましくか、アイロニカルにか、社会学のサブエリアと位置づけた。「私の究極の関心は、自然に境界づけられ、分析的に一貫したフィールドとしての対面的相互作用の研究――社会学のサブエリア――を発展させることである」（Goffman 1969: ix）。しかしながら、対面的相互作用は、おそらくいかなる文化・時代においても、人間にとって最も基本的・根源的な社会経験ではないだろうか。そこに成立している秩序を明らかにしようとするゴフマンの仕事は、椎野信雄がかつていったように「原社会学」（椎野 1982：57）と呼んでもよさそうである。

3　切り拓かれた眺めと観点

身体としての個人と相互作用秩序

私たちが生まれたときから自明のうちに経験している過程とそこにある秩序を浮かび上がらせるために、ゴフマンはその過程をある種、異化するような枠組みを設えた。それが、いわゆるドラマツルギーのメタファーである（Goffman 1959）。対面的相互作用は舞台と演技に準えられ、「パフォーマンス」「オーディエンス」「共演者」「役柄」「印象管理」などの用語を駆使して記述された。のちには、「フレイム」などの、より強力な概念が使われた。これらによって、私たちの目の前には、誰もが日々無自覚のうちに、ごく自然に行っていることが、新しく鮮やかな相貌をもって立ち現れることとなった。

対面的相互作用において何が起こっているか。ゴフマンが浮かび上がらせるのは、私たちの身体としてのありようとそこにある秩序である。私たちが身体として社会的に存在していることは自明の、紛れもない事実だが、ゴフマン以前の社会学においてはしばしば、行為者は、意識や意図、動機など目に見えないものが帰属するところの抽象的な主体であった。ゴフマンにとって、そして実際、日常生活を送る私たちにとって、人は皆、具体的に姿形を備えた身体というマテリアルな存在として生きている。

そもそも、共にいる、互いに面前している、とは、わかりきったことを改めて書くのも妙だが、各人唯一無二の身体がある時空間のなかにあって、互いの身体を各々の身体に備わった感覚によって（典型的には視覚によって）感じ合っているということである。そして、この相互モニターが成り立っている状況は、ゴフマンによれば、すでに秩序を備えている。例えば、駅のホームで電車を待っているような、偶然公共の場所に居合わせただけの見知らぬ者同士であっても、そこには、互いにその存在に特別な関心をもたず、互いに危害を及ぼす恐れのない「ノーマル」な存在であることを外見によって示し合い一瞥のもとに確認し合う、といった「市民的無関心」を基礎とする「焦点の定まらない相互行為」が成立している。身体として存在している限り、私たちは、人と共にいる場所で何も伝達しないでいることはできない（Goffman 1963a: 35, 訳 39）。身体はメディアであり、多弁である。透明人間にでもならない限り、そこにいることはすでに、自分自身について何某かを語っていること、なのである。

そして、このようにいうとき、相互作用と伝達の意味も独自に拡大されている。相互作用とは、通常「コミュニケーション」という言葉から連想しがちな、言葉を中心とした意識的なやりとりのことではない。それは、人がただ居合わせているだけで互いに受けとり合っているあらゆることからなっている。これをゴフマンは大きく二種類に分けている。すなわち、会話のように特定の焦点がある、「焦点の定まった相互作用」と「焦点の定まらない相互作用」である。そしてまた、そこに行き交う情報も二種類を区別する。第1章で詳細に検討した、意図的に伝えられる「ギブン情報」と、意図とは無関係に伝わってしまう「ギブンオフ情報」である。先に挙げた駅のホームに居合わせる人同士の相互作用は、いってみれば「焦点の定まらない相互作用」であり、そこで主にやりとりされる情報は、ギブンオフ情報ということになる。このようなやりとりができるのは、私たちが身体としてあるからに他ならない。

しかも、あらゆる状況は「状況適合性の規則」――「状況にふさわしい」行為をせよ――に貫かれている、とゴフマンは指摘する（Goffman 1963a: 24, 11, 訳 27, 12）。私たちは、この規則に従うことを、他者と共にいるところでは常に期待されている。街中、駅のホーム、オフィス、教室、店、コンパやパーティの会場、家族や友人と共に過ごす家の中、いつでもどこでも、その状況にふさわしい立ち居ふるまい、服装、外見が期待される。そしてもしそれに外れると「変」であると感じられる。ここから導かれるのは、人といるあらゆる状況において、身体は、適切な管理を要請されており、私たちは常日頃、現にそれを、意識するしないにかかわらず執り行っている、ということである。ゴフマンの議論からは、身体の公共性と道徳性、そして私という存在を他者との共在のうちに不可避的に投錨しその秩序に従わせる身体、その身体が従うべき秩序がありありと浮かび上がってくる。

ところで、他方、秩序のもとにある私たちの身体は、同時に秩序攪乱の危険性をも秘めている。それはいわゆる犯罪や非行のような「社会的逸脱」、ルール違反行動をいうだけではない。ゴフマンのまなざしはもっと根源的な次元で、私たちの身体としてのあり方に触れている。「人がいかに注意深くあろうとも、彼の身体の統合性は、常になにがしかの危険にさらされている」（Goffman 1967: 166, 訳 172-173）というのはまったくの真実である。身体は、さまざまな物理的、外的影響――例えば落下や打撃――に対して脆弱であり、生理的な不安定さをも備えている。どこに行くにもついてまわる身体は、秩序に服しながらも、常にそこから外れてしまうかもしれない可能性をも帯びている、そのような両義的な存在である。しかしその危険性は単なる秩序への脅威ではない。各人にとっては、こうした身体の危険性ゆえ、その管理を怠って失態を演じてはならない、という秩序維持への強迫と緊張が配分される。つまり、個人は、身体の管理およびいざというときの危機管理能力を同時に厳しく問われている。そして、他ならないこのような私たちの身体が、そこに相互作用秩序を具現させる。しかしまた、こうした身体の潜在的な攪乱的性格ゆえに、意図してそれを活用することさえ、場合によってはできるのである。

こうして、きわめて具体的でマテリアルな身体的存在としての私たちが他者と共にいる当の場面、そしてまたそのことによって共に巻き込まれ支えている相互作用秩序が、ゴフマンの記述を通して私たちの目の前にはっきりとその姿を現す。

自己言及的な観点

ゴフマンは、社会学に新しい対象領域を切り拓いたのみならず、同時に新しい方法的観点をもたらした。

対面的相互作用という対象の性格ゆえに、当初それを異化するような枠組み、すなわちドラマツルギーのメタファーがとられたことは先に触れた。これ自体ゴフマン独自の方法といえるが、加えて、そのデータの用法もまた独特のものであった。彼の論述には、第4章でとりあげた『アサイラム』のような自身のフィールドワーク、参与観察調査からの記述、日常観察のスケッチ風の記述、さらには小説などのフィクション、大衆雑誌や新聞の記事、エチケットやマナーに関する作法書、広告コピー、写真、文化人類学者や哲学者また社会学者の観察や論述など、要するに、さまざまな「観察」、さまざまなソースからの雑多なデータが自在に引用されている〈4〉。

こうした「データ」の自在な利用は、ともすればその「非体系的」な様相ゆえに、方法として問題があるなどと見なす向きもあるかもしれない。だが、研究対象の性格を踏まえれば、これはしごく当然ともいうべき選択であるように思われる。対面的相互作用は、社会学によって研究される以前またそれ以上に、さまざまなジャンルで、さまざまなスタイルで記述され、また日常的に語られてきた。そうした記述、証言は、人が他者といるときに何をしているのか、何をすべきであり何をすべきでないのか、といった問題についてさまざまな事柄を語っており、そうである以上いずれも貴重なデータとなりうる。先にも触れたが、体系的な方法の洗練が他方で目指されていた彼の同時代の社会学において、このようなデータの取り扱いは、これだけでもかなりラディカルといえるが、彼の方法上の独自性はそれだけにとどまらない。

ゴフマンが対象に対してとる観点、対象との関係もまた、社会学にとって独特の視野をもたらすものである。単純化して比較すれば、例えば、同時代の構造機能主義においては、社会システムを研究する観点は、システムを対象として一望しうるような特権的な位置、対象の外部にあったといえる。他方、これに対して、「行為者の観点」に立つことを強調したのが、ブルーマーのシンボリック・インタラクショニズムであった。研究者は、行為者の意味世界を探究するためには、行為者の観点からそれを捉えなければならないとされた。では、ゴフマンの観点は、どこに位置しているのであろうか。

ゴフマンの著作から、私たちは対面的相互作用とそこにある秩序について知ることができるが、その知は、自分の目前に広がる「対象」についての知にとどまらず、自己の発見を伴う。実際、ゴフマンを読むことの驚きのひとつは、自分がそうと自覚しないままいかに身体まるごと相互作用秩序のもとにあったか、相互作用場面を維持するためいかにさまざまな技法を駆使していたか、といったことをまざまざと思い知らされる驚きである。対象に向けられたまなざしは、自己へのまなざしとなる。というのも、対面的相互作用は、不可避的に「私」をその一部として含むからである。

社会の構造と機能を一望のもとに俯瞰するような観点は、それに関する知によって影響を被るような実体をもたないだろう。それはあくまで抽象的で透明な観点である。また「行為者の観点」をとろうとするならば、「研究者」の観点は、「行為者」のそれに魔法のように重ね合わせられてしまう。そのようなことは実際には不可能であるが。これらに対して、ゴフマンは、もっと異なるまなざしを、私たちに否応なくもたらす。

対面的相互作用へのまなざしは、およそ人と人とが共にいるあらゆる場面に適用されうる。ゆえにそこには、例えば調査や観察と呼ばれてきた社会学の営みも含まれることになる。ゴフマンの観点は、研究者のそうした営みそのものを、対面的相互作用の一例として、自らの観察の対象領域のうちへと自己言及的に巻き込んでしまう論理を有している。

例えば、公共の空間で人びとのやりとりを路上観察する研究者がいたとしよう。本人は、たしかに研究対象の一例を観察しているといえる。だが、同時に彼/彼女は、見知らぬ人びとのやりとりに対して、知り合いでない者がむやみに接近してはならない、また、自身もたえず「ノーマル」な外見を保っていなければならない、といったような一連の状況適合性の規則を遵守しつつその状況に「関与」している「参加者」の一人に他ならない。あるいは、いわゆるインタビュー調査においても、研究者が行っているのは、ゴフマン風に見れば、「インタビュー」という「フレイム」(Goffman 1974) に枠どられた「焦点の定まった相互作用」ということになる。すると、そこで行われていることを、研究者が対象者から話を聞く営みである、というのは、ナイーブな見方となる。二者の身体が互いに面前しているときに交錯するさまざまな情報、公式にメインのものであるやりとり（インタビューの本流を構成する会話）の傍らで同時に進行しているさまざまな「トラック」、その状況のうちにたしかに生起しているが「フレイム」からは周到に排除されている諸々の出来事、等々。そして「インタビュー」の相互作用の流れを見事に協力し合い維持している「対象者」と研究者である「私」。「ここで起こっているのは何か」についての「作業合意」に基づいて互いに適切にふるまい合う私たち。ゴフマンの観点は、社会学的な営みのうちに、このような状況と自己の発見、自己言及的な観察を、研究者にもたらすような観点なのである。

こうしたゴフマンの観点は、「研究」や「観察」という営みが、対象への「関与（involvement）」や「参加（participation）」のバリエーションであることを私たちにはっきり教える。外部に立とうとする営みを「内部」へとたえず送り返す、あるいはそう強いるような観点を、彼は私たちに指し示している。

このようなリフレクシブな観点とは、別の見方をすれば、ひとつには研究における、研究者としての態度と対面的相互作用の日常的参加者としての態度との間のたえまない往還、ということになるであろう。研究者としてのまなざしをもったとたんに、そのことが、対面的相互作用の日常的経験者としての自己を意識化させ主題化させてしまうのである。二つの観点は、いわば不即不離のものとなる。ゴフマンの観点がそう強いるのである。この延長には、対面的相互作用研究のひとつの究極の形態として、参加者としての「私」が経験することについてのセルフモニタリングおよびその記述、という自己言及的な研究スタイルがありうるだろう。それははたして「科学」なのか、「研究」なのか、という問いを喚起するような方法であろう。こうした問いに「否」と応じる向きもあろう。しかしゴフマンの仕事が、あるところではすでにそのような臨界に接しているように、それは対面的相互作用という対象から帰結するひとつの方法といえよう。他方でまた、ゴフマンの観点に立つならば、社会学的営みは、次のような認識から自由になることもできなくなる。すなわち、社会学は、「ここで起こっているのは何か」ということをある特定の（社会学的）経験へと組織化する「フレイム」である、ということ。そして、その「フレイム」のなかに「研究者」という身体と「対象」というリアリティが具現するのである、と。

ゴフマン自身は、自分の仕事を以上のような社会学の方法問題に関わるものとしてあまり考えていなかったかもしれない。しかしながら、彼の観点は、社会学の営みそれ自体をもリフレクシブに捉えることへと私たちを向かわせる。それは、研究対象の素朴な対象化と観察、あるいは研究者と対象とのナイーブな分離をしりぞける、方法的視点である。

4　相互作用秩序と時間——ゴフマン相互作用論の現代的課題

他者と共にいることが私たちの社会経験の基礎をなすことは、文化や時代によらず、今後もおそらく変わることはないだろう。その意味でゴフマンの社会学は、彼自身の限定にもかかわらず、社会状況の変化といった時間に侵食されない一種の普遍的な質を備えているといえるだろう。しかし、他方で同時に、まさしくそのことにおいて、この研究は、時間という問題、「変化」という契機をどう扱うかという課題を負っているようにも思われる。

第一に、対面的相互作用が私たちの社会経験の基礎であることはいつの時代も変わりないとしても、相互作用秩序の中身は、時とともに形を変えてきたであろうということ、このような変化をどう捉えるのかという課題がある。そして、第二に、今の点と次元を異にするのだが、対面的相互作用をめぐる社会の変化、具体的にはとりわけ通信技術の発達と日常生活領域への普及浸透によって、事実上、ゴフマンが当初画定した対象領域の、私たちの生活に占める地位が次第に変化している、という問題が挙げられる。

第一の点から見ていこう。ゴフマンは、対面的相互作用において秩序がいかに維持・再生産されているかを人びとのふるまいを記述しながら見事に描き出してきた。例えば、ある人がその場にふさわしくないふるまいをしたとしても、居合わせた人びとはそれを見なかったことにして気詰まりを回避する、当人は気恥ずかしさから失態の回復に努めるなど、秩序は綻びそうになっても繕われ、相互作用の秩序立った進行は一時的に揺らいでもまた円滑さをとりもどす。とはいえ、たとえ守られ再生産されるものだとしても、秩序は同時に変化するものでもあろう。しかし、彼の記述は、秩序がいかに変化するのかについては特に明らかにしておらず、また彼が折出した秩序がいかなる変化の過程にあるのか、についても考察していない。彼は、自分の記述を、あくまで同時代のアングロ・アメリカ社会について述べたものである、と注意深く限定することによって、こうした問題をしりぞけていた。しかし現代、そのような限定によってこの問題を避けて通るわけにはいかないのではないだろうか。

私たちが対面的相互作用において、いかに秩序維持に動員されているかを明らかにすることは、たしかにひとつのインパクトをもっていた。しかし、秩序は単に維持・再生産されるだけでなく、破られたり変形されたりしているはずである。ゴフマンの描く人びととは、自分の外見に常に気を配り、感情表現を制御し、礼儀正しい。またスティグマをもつ人は、自分のスティグマを誤って暴露しないよう注意深く周囲に溶け込もうと腐心する（Goffman 1963b）。状況適合性の規則に違反する者は、周囲や自分自身に当惑を引き起こし、慌てて名誉と状況の回復に勤しむか、それができなければ悪くすると「われわれの集まりと社会的場面を守るための施設」（Goffman 1963a: 248, 訳 267）である精神病院に送られる。彼らは他者の目をいつも気にする、苦労性の「いい人」たち、自分や他者の体面を保つことに重きを置く人びとである。これを、社会問題研究者、キッセが「過社会化された（over-socialized）」行為者観として批判したとしても無理はない（Kitsuse 1980: 4-5）。六〇～七〇年代、「社会的場面を守る」ために排除されてきた人びとが「自分の尊厳を守る」ために、積極的に秩序に挑戦する姿にこそ、キッセは注目したのである〈5〉。

現代の日本社会に目を転じてみればどうか。多様な人びとが行き交う街中などの公共空間において状況適合性の規則はしばしば破られているのではないだろうか。またそのような場合に、直ちに起こるであろうとゴフマンが記述した、当惑や修復のふるまいも、これといって発動しないまま、違反がやり過ごされている、ということもよくあるのではないだろうか。例えば、年配者は、街角での若者のふるまいを不適切と感じても、同時にもはや旧世代の感覚は若者に通用しないだろう、などと感じる。以前からの住人は、近所に最近引っ越してきた外国出身の住人のふるまいに戸惑っても、文化が違うから、と思ってすませることも少なくなかろう。

ここにあるのは、何が状況適合的かという規準が揺らぎ、秩序は変化している、という感覚である。

ゴフマンにおいては、個々の規則は、破られてもその状態に不安や当惑を感じそれに耐えられない人びとによってその場で修復されるもの、あるいは完全に修復されないまでもその努力がなされるもの、であった。しかし規則は破られたままのこともある。ある人にとっては規則破りと見えることも、別の人には何でもない、ということもある。破られたままでも気にかける人がいないとなれば、もはや事実上それは規則として機能していないということ、つまり規則は変わったということである。

昨今の私たちはおそらく、相当程度、自分の感覚に照らしてみれば状況適合的でない、と感じられるようなふるまいにしばしば遭遇し、それらを互いに許容しつつ耐えており、また、そうしたふるまいに対して無関心であったり麻痺さえしていることもある。自分のふるまいが別の誰かから見たら、状況適合的でない、という可能性も大いにある。何が状況不適合的かという規準は、雑多な人びとが行き交う街や駅などの空間ではもはや、まったくではないにしても少なからぬ部分必ずしも共有されていない、といえよう。公共空間は端的に、複数の状況適合性がせめぎあう場であり、それはとりもなおさず、秩序の揺らぎと変化が、好むと好まざるとにかかわらず進行している、ということに他ならない。

学校など、より統制されている空間においても、共在の秩序は問題となって久しい。鈴木智之はかつて、「学級崩壊」と呼ばれるような現象に注目しながら、公共空間において社会関係が生まれ維持されるには、「その関係性に見合った構え、パブリックなハビトゥスが要求される」としつつ、現代では「「公共空間」そのもののイメージ、とりわけ、その関係の中で立ち居振る舞う身体のイメージを描くことが思いのほか難しくなっている」と指摘した（鈴木 1999: 11）。ゴフマンは、鈴木のいう「相互調節的なモード」（鈴木 1999: 10）をおそらく前提としていた。だが、鈴木は、そうしたモードに入っていない身体の公共空間における露出を問題にする。その指摘に納得する者は少なくないのではないか。このような問題に対して、いかに答えることができるのであろうか。

ゴフマンは、対面的相互作用場面の持続――ある空間で人びとが出会ってから別れるまで――を超える時間にあえてコミットしなかった。それゆえ秩序が次第に変化していく過程を特に問わず、社会それ自体を含む歴史的過程を論じることはなかった。これは、彼が方法上選択したひとつの立場に他ならない。おそらく、当時とて、彼のいう「アングロ・アメリカ社会」内部で、またその社会と他のアメリカ社会の住人たちとの間で、さまざまな軋轢が生じていたに相違ないし、それを彼は承知していたはずである。そのなかにあって、あえて視野を限定し、相互作用場面を注視することは、たしかに方法上必要な一歩であっただろう。しかし現代、グローバリゼーションも進み、多様性が語られる社会で、相互作用秩序を、もっと積極的に流動的なものとして、揺らぎ移ろい変化していくものとして捉えること、そしてその流動性を記述しうる視野を確保することは、重要な課題ではないだろうか〈6〉。

第二に、対面的相互作用をめぐる社会の変化、とりわけ通信技術の発達によって、対面的相互作用という領域の、私たちの生活に占める地位が次第に変化している、という問題がある。ゴフマンの時代には、対面以外の、何らかのメディアによって媒介された相互作用は、パーソナルなものではせいぜい電話、手紙、マスメディアでは、彼自身も『トークの諸形式』（Goffman 1981）で扱ったラジオやテレビであった。日常生活は基本的に、物理的に会う、集まる、という時空間のうちに繰り広げられていた。文字通りの対面的な相互作用が、人びととの社会経験において圧倒的に主要な地位を占めていたのである。だが、今や事情は大きく異なる。現代の私たちの生活では、実際に対面的でない相互作用の占める比重、重要性は次第に大きなものとなってきた。

そこでゴフマンの方法を引き継いで生かす道は、大きく分けて二通りだろう。ひとつは、あくまで物理的身体の共在に視野を定め、対面的相互作用研究を極める道。扱える領域は、私たちが行う相互作用のうち、その地位を相対的に縮小しつつある部分となるのかもしれないが、それが依然として最も基本的な部分であることに変わりはなく、いまだ研究され尽くしていない。これはこれで十分に意義あることは間違いない。私たちの日常生活が、物理的な対面的相互作用に多くを依存せずに営まれるようになることは、少なくともこの先当分ありそうもない。私たちが身体的存在である限り、他者との共在という主題はどこまでも重要である。

もうひとつは、彼の分析枠組みを、現代仕様に拡張整備していく、という方向がある。例えば、彼の「共在」や「出会い」「相互モニター」ひいては「身体」や「公共」といった概念を、意味的に拡張し、通信技術に媒介された「共在」や「出会い」というものを改めて画定し、それらをも分析の射程に積極的に組み込んでいく。ゴフマンの物理的な「場所につながれた分析」を超えて、「状況」を例えば「情報システム」という広義の概念に置きかえる（Meyrowitz 1990）ということである。ゴフマンの概念が備える柔軟性はこのような研究を可能にしよう。

さて、以上、「変化」にまつわる問題を二点、さしあたり次元の異なる問題としてざっと見てきた。だが、第二に挙げた問題においても、第一の問題が重要なものとして絡んでくるということに、ここで注意しておきたい。つまり、二つは次元の異なる問題とはいえ、無関係では決してない。直接対面的でない、媒介された相互作用に向けてゴフマンの分析枠組みを拡張していく場合も、そこで繰り広げられている新しいタイプの相互作用は、従来の対面的相互作用秩序をおそらくは下敷きにしながらも、既存の秩序が変形されたり、これまでになかった秩序が生成したり、という動態的な「場」であろう。また、従来の対面的相互作用の方も、非対面的な相互作用の拡大によって何らかの影響を受け、そこでの秩序のあり方に何らかの変化を被っていくのではないか。それらをいかに捉えていくのか、ということは、対面的であれ非対面的であれ、同様に重要な問いである。それゆえ、第一の論点として述べた、秩序の変化や揺らぎについて考察できる視点は、より根本的な課題といえよう。

5 相互作用・社会・個人——賭けとアクション

ここまで、ゴフマンが切り拓いた研究領域、すなわち対面的相互作用とその秩序、彼独特の方法と観点、さらに、こうした研究の現代的な課題として、「変化」という問題への対応について述べた。その第一は、対面的相互作用秩序の変化をいかに考察しうるか、という問題。第二は、「対面的」という対象領域の限定をいかに保持あるいは乗り越えるのか、という対象設定の問題である。第二については、対象領域をあくまで「対面的」なものに限定することも、逆にそれを脱することも、ゴフマン社会学の展開のあり方として可能であり重要であると述べてきた。第一と第二の課題は次元を異にしているが、その実、第一の課題は、第二の課題にとりくむ上でも欠かすことができない、より根本的なものである、ということも指摘した。実際、秩序の「変化」をいかに考察しうるか、という課題は、対象領域として非対面的状況をも視野に入れる場合にもついてまわる。つまりは、相互作用秩序の変化をいかに考察しうるか、という問題に、ゴフマン社会学のとりくむべきひとつの課題がある、ということを、ここでは示したことになる。そこで、最後に、この問題をめぐって、ゴフマンの理論枠組みのうちにいかなる可能性が見出されるのかを述べていきたい。

相互作用秩序の「変化」とは、個々の相互作用場面の持続を超えた時間軸において認識される現象である。「変化」について述べるには、一定の規則に対する頻繁な「逸脱」の常態化とそのことをめぐる人びとの一定程度の承認が観察されなければならない。個々の場面では、規則に対する「逸脱」あるいは「同調」という、一回性の出来事がその都度観察されるにすぎない。「変化」とは過程である。つまり、個々の相互作用場面を超えた時間軸に対するまなざしが必要なのである。したがって、次のように問うことができる。ゴフマンの理論枠組みは、こうした、超場面的な時間軸に対して、どのように開かれているだろうか、開かれうるのであろうか。

ゴフマンは、彼の立場として、対面的相互作用という単位に分析の焦点を当てることを選択した[7]。しかしながら、それは、彼が対面的相互作用の場面しか見ていなかった、ということを必ずしも意味しない。というよりもむしろ、ゴフマンの著作群を横断的に読むならば、事実はまったくそうではない。対面的相互作用は、分析上の単位としては独立の領域として画定されていたが、同時に、彼は、個々の相互作用場面を超えたものとして、「社会」と「個人」という存在の位相を明らかに意識していた。実際、彼はそれらをときに組み入れながら議論を展開している。

『相互作用儀礼』(Goffman 1967)に収録されている「アクションのあるところ」や「当惑と社会組織」などはその顕著な例である。

「アクションのあるところ」は実に魅力的な論考である。ゴフマンは「賭け」に目を向ける。ここでは、コイン投げのような賭けの要素を帯びたゲームの過程が分析され、こうしたゲームが「賭け手のその後の人生に客観的に影響を及ぼす、という可能性」すなわち「影響性」、そしてまた、一回きりの行為が「修復可能という通常の性格を失」った「運命的」なものとなる可能性（Goffman 1967: 159, 164, 訳165, 171）に目が向けられる。すなわち、個々の対面的相互作用場面という一局面から「あふれ出し」、行為者のその後に続く未来の時間を侵食する、そのような契機を含む場面に、ここでゴフマンは注目しているのである。

「運命は人を時間との非常に特殊な関係のなかに入れる」（Goffman 1967: 261, 訳266）と彼はいう。明らかに、ここに一つひとつの場面を超えて持続する個人の生の時間が語られ、そのような生が関与する一瞬一瞬の過程として、個々の対面的相互作用が語られている。個人は、不確実な未来のために、ある一定の短い時間に専心する。そしてそれによって負う運命を引き受けなければならない存在である。人は「「賭け（ギャンブル）」に出なければならない」（Goffman 1967: 261, 訳267）。なぜゴフマンはこのようなことを語るのであろうか。

社会組織が維持されるべく社会が求める安定と持続は、相互作用における個人の賢明さによってもたらされる、とゴフマンは考える。そのために人は自分自身の身体を使いこなさなければならない（Goffman 1967: 259, 訳264）。決定的な場面において賭けに出る行為は、相互作用と個人のこの安寧な成り行きに、深刻な影響を与える可能性がある。彼はいう。

運命的な活動は、それ自体しばしば社会的なルーティーンを攪乱することとなり、大局的に諸組織・機関にとって容認できないものである。(Goffman 1967: 260, 訳 265)

かくしてこうした危険性をもつ活動が家庭生活や職業生活でなるべく起こらないように、「安全弁」がこの社会には設けられている。彼はそれを、「運命」の「代理経験」、「商業化された代理経験」(Goffman 1967: 262, 訳 268)などと呼ぶ。例えば、人は消費者として、冒険的なフィクションの人物に一体化し、「運命的」な生に代理経験的に参加することができる。「消費者が主役になれるなら、運命性は代価なしに興奮をもたらす」であろうし、商業的な代理経験の中身に目をやれば、そこには驚くべき画一性が見出される、とゴフマンの口調は皮肉を帯びる(Goffman 1967: 262, 訳 268)。

安全弁の他方には、道徳的評価と制裁というストッパーがかかっている。危険をはらみもつ個人の側のふるまいと能力に対して、社会は道徳的な制裁を与えるのである。人は精神的に安定していなければならない。それでこそ、社会的活動の場面に必要な安定性と連続性に人は貢献できるのである。「人が試されるような状況で、自制心を保つ能力は重要である。自制心を保つには冷静沈着さと意志の強さが必要である」(Goffman 1967: 259, 訳 265)。個人の自制心を保つ能力を社会は高く評価し、その能力の高い者は「強い性格」の持ち主として評価され、そうでない者は「弱い性格」という烙印を押される(Goffman 1967: 259, 訳 265)。

このように語られるとき、そこには、一方に、安定と持続を志向する「社会」、他方に、そのために個々の場面における賢明さや機転を備え、道徳的であることを期待されている「個人」、という構図が浮かび上がってくる。

対面的相互作用は、戦略的に切りとられた分析上の単位であった。ゴフマンはそれを執拗に注視することで、そこに固有の秩序を浮かび上がらせた。その秩序場面を、今見たような構図のもとで捉え直すなら、個々の相互作用場面において人びとがその秩序に従うことは、単に場面の円滑な進行に貢献するだけではなく、とりもなおさず「社会」の安定と維持に貢献すること、「社会」の要請に従うこと、として見えてくる。「社会」を安定的に維持するためには、人びとのふるまいが個々の場面をあふれ出して後に影響を及ぼすようなものとならないこと、たとえ不測の事態が起きても場面ごとにその都度修復されていくことが肝要なのだ。対面的相互作用は、そのことが場面場面での個々人のふるまいにおいて繰り返し実現されるべき場、そうした要請に応えるべく個々人が時々刻々と動員される場、なのである。

ゴフマンの相互作用秩序論は、このように、個々の場面と「社会」と「個人」の関係をたしかに描き出している。対面的相互作用は、定義上「個人」が他の「個人」と出会っている場所であるが、そこは同時に「個人」が「社会」と出会っている場所なのである。いいかえれば、個々の相互作用場面は、「個人」と「社会」という二つの持続が交錯する場として捉えられることになる。

このような構図のもとで改めて見るならば、前節で見た、相互作用の持続する時空を超えた「変化」なるものへのアプローチも、ゴフマンの論理のうちに可能性として含まれていると考えられよう。ゴフマンはいう。「社会において、私たちは瞬間瞬間を生きているのではなく、それらを切り抜けているのである（moments are to be lived through, not lived）」（Goffman 1967: 260, 訳 265）。人が対面的相互作用において、瞬間瞬間を賢明に切り抜け続ける姿こそ、彼が相互作用秩序の記述において描き出したものに他ならなかった。彼がこのようにいうとき、相互作用秩序への服従、秩序の維持・再生産であるようなふるまいとそのメカニズムは、「切り抜け」にすぎないあり方とその帰結の循環として、冷然と相対化されている。ここには、別の可能性、すなわち「切り抜け（live through）」と対比されるものとして、「生きる（live）」というふるまい方・身体のあり方が示唆されている〈8〉。

場面をその都度切り抜けていくのではなく、「生きる」とは、私たちにとってどのようなあり方なのであろうか。ゴフマンの論述からいいうるのは、少なくともそれは、「社会」の安定と維持のためにただ動員され続ける、という生き方ではない、ということであろう。いいかえれば、個々の場面においてその場が円滑に進行していくことに専心する、という生き方ではない、ということである。あるときには、人は決定的な賭けに出なければならない、場面内部で修復できない影響を後々に残さざるをえないようなアクションを起こさなければならない、そのような瞬間に遭遇する。そのときに、その場を切り抜けるか生きるかが問われよう。アクションは、個人にとって「運命的」な性格を帯び、社会にも打ち消し困難な痕跡を刻んでいく。そして、この「社会」と「個人」の双方に不可逆な影響すなわち「変化」をもたらす決定的な場面は、まさしく対面的相互作用、ゴフマン的自己言及的な観点のもとで「私」が不可避的に含まれている「今ここ」においてこそ、刻印され観察されるのである。

注

〈1〉原語は“interaction”である。邦訳は「相互行為」だが、本書では「相互作用」を用いているので、この箇所も合わせた。以下も同様である。「相互作用」を用いるのは、第1章から見てきた通り、"interaction"を「行為」という語が表すよりも広く、相互影響として捉えているためである。

〈2〉かつてR・ウィリアムズは、相互作用研究の主要な二通りのあり方を次のように要約した。ひとつは、社会の構造や制度を研究する手段として相互作用に注目するもの。例えば、真の関心は官僚制や家族制度などにありながら、それらに接近するひとつの回路として相互作用に照準を合わせる、といったもの。もうひとつは、個人の意味や動機を強調する「ヒューマニスティックな相互行為論」の伝統に立つものである(Williams 1988: 66-67)。前者では、「真の」秩序は相互作用の「上方」(社会の構造)にあることになり、後者では、それは「下方」(行為者の意識や心理)に求められることになる。ゴフマンはそのどちらにも属さない。

〈3〉この点で、彼の立場は、同時代のシンボリック・インタラクショニズムとも一線を画する。シンボリック・インタラクショニズムは、主流へのアンチテーゼとして、個人・自己という単位、また個人にとっての「意味」なるものへの強いこだわりをその出発点より含んでいたからである。

〈4〉マニングによれば、ゴフマンの方法は、メタファー、非体系的観察、体系的観察の三通りに整理される(Manning 1992: 140-155)。

〈5〉とはいえ、ゴフマン社会学における相互作用秩序と自己の関係性は、もう少し複雑であり、多重のものであるように思われる(草柳 1995)。例えば、T・カーチマンは、アメリカ合衆国の黒人コミュニティのエスノグラフィーを通して、白人と黒人それぞれの相互作用におけるさまざまな違いを描き出している(Kochman 1981)。それによれば、例えば望ましいとされる感情表現の強さは、両者では異なっている(Kochman 1981: 訳 174)。白人は感情を抑制して表現しなければならないし、他者の感情表現が適切とされるレベルを超えないように鎮めなければならない。それに対して、黒人の相互作用において適切とされるのは、感情を素直に表現した場合と少なくとも同じか、それ以上であり、人は相手の感情表現を煽って適切なレベルまで引き上げなければならない。白人は社会的相互作用が冷静に展開することを望ましいとするのに対して、黒人は「感情がほとばしる相互作用」（Kochman 1981：訳 176）を望む、とカーチマンは述べる。こうした相違は、相互作用がどうあるべきかについての相違であり、両者が相互作用するとき、まさにコンフリクトを生む可能性がある。

またキツセのゴフマン批判と行為者観の転換については、草柳（1998；2004）。

〈6〉ゴフマンが析出した秩序を歴史的に「近代」固有のものとして捉え直す試みについては、例えば日本では櫻井（1997）。

〈7〉ギデンズは、こうしたゴフマンの自己規定が、現代社会学にとってその仕事のもちうる重要性を過小評価することにつながったと批評する（Giddens 1987：訳 179–180）。彼は、ゴフマンの仕事の真価を掘り起こすためには、その自己認識をそのまま受けいれてはならないとして、ゴフマンの社会学が、対面的相互作用を超えて、複数の文脈を横断的に捉えるマクロ構造的視点を有するものであると主張した。この指摘はきわめて重要である。

〈8〉“live”と“live through”のここでの訳は邦訳版に従った。この二つのニュアンスは英語を外国語として学んできた者にはなかなか摑みづらい。特に本章で扱った論文には、ほかにも「アクション」「賭け」などにまつわる大衆的な言葉や広告表現が頻出する。こうしたゴフマンらの日常的な英語表現やそのニュアンスについては、元プロ・スケートボーダーで中国武道家のサイモン・ロケット先生の丁寧な解説に教えられ助けられた。ここに感謝する。

第8章　身体・社会・海・太陽

身体について語ることをめぐって

1　はじめに

「今、ここにある自分のからだは、地球型生命体三六億年の歴史の先端・末端であり、「からだの端」である」（羽鳥 2002：204）。野口晴哉のこの言葉を第5章の最後に紹介した。これは、身体を「社会」よりもはるかに長い時間と空間的広がりの中で捉える。こうした語り方は、関心をもって少し探すならば、現代社会のあちこちで見聞きすることができる。本章では、こうした語りのいくつかに触れ、身体について語ることが、社会のなかでいかなる意味をもつのか、もちうるのかを考える。以下では、身体をめぐるいくつかの語りを見ていくが、その意図は、身体とは何か、にまつわる「真実」に迫ることではなく、あくまで身体の語られ方を通して、現代社会と今を生きる私たちについて考えることにある。

2　身体の自然誌の語り

冒頭に挙げた野口の言葉のように考えるなら、今ここの私の身体は、地球という場所を住処に、「社会」の歴史よりもはるかに長い時の流れを生きていることになる。では、身体はどのような時間を過ごしてきたのだろうか。現代社会には、それについて語るさまざまな知がある。そのいくつかを見てみたい。

例えば、私は今温帯に位置する島に定住している。だが、以前からそうであったわけではない。人類はかつて、アフリカ大陸の熱帯で長く暮らし、その後世界のあちこちへと広がったとされている。その流れのなかで私たちは今はなぜかここにいる。

ヒト（現生人類）の起源の地はまだ明らかにされていないが、体毛がほとんどない、あっても粗である、汗腺が発達していることなどは、私たちが熱帯生まれであることを物語っている、と島田彰夫は『動物としてのヒトを見つめる』のなかで述べる（島田 1991: 86）。

西田正規によれば、人類が人類以前以来の住処であったアフリカ大陸の熱帯環境を出て、中緯度帯に進出したのはおよそ五〇万年前のことである。人びとは長い時間をかけて移動し、数万年前、後期旧石器時代にはユーラシアの極北地帯にまで広がり、さらに、ベーリング海をわたって新大陸へ、またオーストラリアへと広がっていった。私たちは、長い年月、地球上を移動し遊動し続けてきた。「人類以前以後の遊動生活の伝統」（西田 2007: 59）は、基本的に狩猟採集という自然の恵みに抱かれた生活だった。低緯度地帯では一年中植物性の食べものが手に入る。しかし、中緯度環境では勝手が違う。温帯森林帯では、実りの秋には多くの食糧が得られるが冬期には乏しくなる。西田によれば、冬眠できない人類が冬を過ごすには、多くの越冬食糧が必要で、当初は食べるものを求めて移動していた人びとの間に、やがて、秋の間に大量に採れる食糧を貯蔵するという活動が広がっていく。食糧を大量に蓄える生活は移動には適さない。というより、その生活をするならばとどまることが前提となる。かくして定住という生活スタイルに人びとは移行していく。

そして、西田はこう問いかける。はたしてこれは、定住したくてもできなかった人類がようやく定住できるようになったということなのであろうか、と。

定住生活は、体重が五〇キログラムもありしかも集団で暮らす動物の生活様式としてはきわめて特殊である、と西田は指摘する（西田 2007：64）。遊動生活は、「ゴミ、排泄物、不和、不安、不快、欠乏、病、寄生虫、退屈など悪しきものの一切から逃れ去り、それらの蓄積を防ぐ生活のシステム」であり、他方、定住生活はこれら一切を自らの世界に抱え込む生活システムである（西田 2007：66–67）。定住は生活に大きな負荷がかかるものといわざるをえない。

この定住化を、したくてもできなかったことができるようになった、とするのは、「定住民優越主義」である、と西田は述べる。別の見方をすれば、「この一万年間の人類史は、遊動したくともできなかった歴史であり、その間人類は定住生活を強いられてきた」ともいえるのだ（西田 2007：61–62）と。

人類は、長く続いた遊動生活の伝統のなかで、ヒト以前の遠い祖先からホモ・サピエンスまで進化してきたのである。とすれば、この間に人類が獲得してきた肉体的、心理的、社会的能力や行動様式は遊動生活にこそ適したものであったと予想することもできる。そのような人類が遊動生活の伝統を捨てて定住することになったのである。とすれば、定住生活は、むしろ遊動生活を維持することが破綻した結果として出現したのだ、という視点が成立する。この視点に立てば、定住化の過程は、人類の肉体的、心理的、社会的能力や行動様式のすべてを定住生活に向けて再編成した、革命的な出来事であったと評価しなければならないだろう。（西田 2007：17）

遊動生活の維持が破綻した結果としての、やむなき定住……。高等霊長類の出現以来続いてきた長い遊動生活に比べて、定住生活の経験は一万年程度しかない。遊動生活では、先に触れたように、ゴミや排泄物などによる環境汚染、水や食料その他生活物資の欠乏・枯渇、災害、集団間・集団内の緊張などの問題は、移動し続けることによって回避できる。掃除もあまりしなくてよさそうである。だが現代の私たちにとってこれらは不可避の大問題である。

さらに、西田曰く、遊動生活のなかで能力を発達させてきた私たちは、その能力を発揮したいという強い欲求をもっている。例えば、動きまわり、目新しい環境で感覚を研ぎ澄ませ、好奇心をもって見知らぬ場所を探索したいのである。だが定住生活ではそのような能力を十分に発揮できず、退屈してしまう。飽きたくなる人も多いのではないか。おそらく、そこで現代の私たちは用もないのに旅をする。

たしかに、はじめての場所を訪れるときの得も言われぬ高揚感、不慣れなところをただ巡り歩くことの楽しさ、これは遊動という生き方の束の間の再現に、私の身体が喜んでいるということなのだろうか。動きたい、歩きたい、どこかへ行きたい。私たちはしばしばただそう感じる。それに何といっても、自然に触れると気分がよくなる。

では、私たちはどんなものを糧に生きてきたのだろう。先に触れた『動物としてのヒトを見つめる』（1991）のなかで、島田彰夫は、動物としてのヒトは主に何を食べてきたのかを問う。ここで島田は、動物としての「ヒト」と「人間」とを、いいかえれば、ヒトという動物についての生物学的尺度と、人間としての文化的尺度とを区別する。食についても、動物としてのヒトの食性と、人間が発達させてきた食文化とを分析的に区別する（島田 1988: 70; 2011: 11–15）。こうした区別をすること自体、興味深い。私たちは長年にわたり人間としての文化を、世界中の各地でさまざまに築きながら暮らしてきた。およそ文化的なるものを削ぎ落とした人間など考えることができない、と通常は考える。しかし、島田は、動物としてのヒトに目を向ける。ここで島田が問うのは、ヒトの食性である。

島田によれば、通常、ひとつの種の棲息圏はきわめて限定されており、特に陸棲の哺乳動物はそうである。ヒトもかつてはその起源の地、すなわちアフリカの熱帯の限られた範囲に棲息し、そのなかで生活を完結させていた。生存のために依存できる食べものは「そこにあるもの」だけである。

さて、食性は動物の種類ごとに定まっている（島田 1994: 17）。動物の食性を、肉食、草食、雑食、と大雑把に分けるなら、ライオンは肉食、シマウマは草食、そして人間は雑食である、と現代の私たちは考える。現に私たちは、肉、魚、野菜も果物も食べている。だが、島田にいわせれば、人が雑食であるというのは、人間が築いてきた食文化、その現状を追認しているにすぎない。現在文化的にさまざまなものを食べているからといって、それをそのまま動物としてのヒトの食性と考えるわけにはいかない。ヒトの食性は、道具や武器を持たない裸のヒトがどのような食べものを入手できるか、という点から考えていかなければならない、と島田はいう（島田 1994：17）。

動物としてのヒトの形態や身体能力、消化酵素などから見れば、ヒトの身体は他の動物を捕らえて食べるようにはできていない。むしろ、植物を食べるようにできているという（島田 1988：75）。例えば、瞬発的な走力がない、鉤爪がない、牙がない、といった身体の特徴は、ヒトが他の動物を捕らえてその肉を食べるようにできていないことを示す。歯は、牙よりも臼歯がよく発達しており、これは穀物などを噛むためのものである。消化酵素や消化器は、澱粉がヒトにとって非常に大きな意味をもっていることを示している、という（島田 1988：79–81）。ヒトが主に食べてきたのは、穀類や芋類などの澱粉質食品と豆類を中心とした植物であっただろう、と島田はいう（島田 1988：87）。

このことは、霊長類の進化と食性の変化に関する研究からも推察される（島田 1988：87）。霊長類は、原猿類、猿類、類人猿、と進化の上位になればなるほど、動物性食品よりも植物性食品に依存するようになる。ゴリラやチンパンジーなど上位の類人猿では動物性のものはほとんど食べない。ところが、霊長類最上位のヒトは、この進化に伴う食物構成の推移から突如として逸脱する。すなわち、動物性食品への依存度が、突然キツネザルなどの下等な原猿類並みにまで高くなる。島田にいわせれば、これは「先祖返り」しているといわざるをえない（島田 1988：87，89–90）。いったいヒトに何が起こったのだろうか。

このことは、先に見た、西田のいう「定住革命」とも関係する。ヒトはアフリカの熱帯地域を離れ、温帯へ、さらに寒冷な気候の地へと広がった。当然のことながら、熱帯で生まれ暮らしてきたヒトが、その地から離れていけばいくほど、ヒトという動物にとって環境条件は厳しいものとなっていく（島田

1988: 90）。

先にも触れたように、ヒトの食性の基礎となるエネルギー源は植物であり、その代表は、穀類と豆類である（島田 1988: 106）。そして、それら植物の主たる起源はアジアとアフリカである。逆に、ヨーロッパと北アメリカは、「エネルギー源食用植物資源に恵まれていない二大空白地帯」（島田 1988: 110）である。ちなみにそこを原産地とする霊長類はいないという。そういえば、日本の下北半島のニホンザルは、ヒト以外の霊長類としては最も北に棲息する「北限の猿」と呼ばれている。しかしヒトは果敢にも「北限」を超え、食用植物資源の「空白地帯」にまで進出した。当時のヒトがそのような場所で十分な栄養素を植物だけから得ることはほとんど不可能だっただろう。寒冷や乾燥という条件下で、十分な食用植物は育たない。そのような地でヒトは、出身地で長い間続けてきた植物性食品を中心とした生活をしたくても維持することができない。かくして、「生活圏が起源の地から離れるほど代用食化率は高くなる」（島田 1988: 87）。そこではじまったのが、代用食としての動物食である。たしかに牛や羊は、人が食すにはおよそ適さない固い草や干し草を食べて育つ。彼らに草を食べさせて、人間は動物から食糧を得る。間接的な植物食としての動物食とでもいえようか。

今ではそのような北の寒冷地が人間世界の先進地域とされており、その地で発達した「食文化」が商業的活動を通じて世界に広まっている。近代以後、日本において、西洋の肉食が豊かさと結びつけられ、それに比べて日本の食生活は貧しい、遅れている、などとされてきたのは残念なことである、と島田はいう。日本という温帯地域で私たちが穀物を作り、豆を植え、何代にもわたって生きてこられたこと、肉類や乳類に依存せず、ヒトの食性に比較的近い食生活を続けてこられたということは、その生活環境に恵まれていたことに他ならない、と（島田 1988: 113）。動物としてのヒトの食性と、現代人の食文化・食生活は、このようにしてずれている。現代の私たちの食生活は、農林水産業技術の著しい発展、グローバリゼーション、食文化の変化、環境の変化等々、諸々の要因により、ヒトが知っていた限界を大きく超えたものとなっている。そのずれは、現代の私たちの身体にいかなる影響をもたらしているのであろうか〈1〉。

もっと以前に遡って人間の身体を語る知にも、今私たちは触れることができる。今見てきた物語の時代よりもずっと昔、私たちは海にいた。解剖学者、三木成夫は、『生命形態の自然誌』第一巻で、「人間たちは、自分の祖先をどこまで遡ることが出来るであろう」（三木 1989: 29）と問い、次のように書いている。古生物学によれば、脊椎動物の祖先は、数億年前、古生代の海に古代魚類としてその姿を現した。やがてそのうちのあるものたちは、陸に上がることとなった。三億六千万年から四億年前、古生代のデボン紀、カレドニア造山運動は最盛期を迎え、地球規模で地殻の隆起が起こっていた。それに伴い、海で暮らしていたものたちは陸へと押しあげられていったのである。まず、植物たちが大地を緑に変え、そこへ動物たちが上陸をはじめた（三木 1992: 90）。もちろん、昨日まで魚だったものが今日からすぐに陸で暮らせるはずもない。

数百万年にわたるデボン紀の波打ち際の脊椎動物、当時の魚たちについて、三木は『海・呼吸・古代形象』のなかでこう記す。

この水と陸のはざまにあって、かれらは来る日も来る日も、進むべきか退くべきかと迷い続けたに相違ない。

そしてついに石炭紀の到来とともに、そのあるものが故郷の海を捨てて、敢然と未知の陸（おか）へ這い上がっていったのです。あの古代緑地へ……。（三木 1992：32）

渚。海でも陸でもないところ。私たちの祖先はこの境界で長い時間を過ごしていた。やがて彼らは、エラを閉じて肺を造り、呼吸する、という途方もないことを実現した。陸上生活への適応に成功したあるものたちは、続く中生代に繁栄する。爬虫類の先祖である。やがて新生代になると、全身毛皮をまとった新しい動物、すなわち哺乳類の祖先が登場する。

なかには、途中で海にもどった魚たちもいる。また、いったんは上陸しながら、その後もどったものもいる。中生代では爬虫類の海亀など、新生代では哺乳類の鯨などである。

だが、私たちは、上陸以来、二度と故郷の海にもどらず、陸上生活を生き抜いてここまできた。それでもかつての生活体験、生命記憶は、今も私たちの身体に刻まれている、と三木はいう。

私たちは遠い祖先の時代から、この波打ちのリズムを心拍とともに呼吸の中にも深く刻みつけてきた。大海原の文字通り波動と一心同体になって生きつづけてきたのです。このリズムは地球の誕生以来おそらく少しも変わることなく今日に到っているはずです。（三木 1992：33）

私たちの呼吸も心拍も、波打ちのリズムと結びついている、というのである。

しかも、三木によれば、海から陸へ、エラから肺へ、という大転換は、私たちに大きな問題をもたらした。私たちの身体に備わる筋肉は、大別すると、外界のいちいちに反応しながら個体運動に携わる

「動物性筋肉」と、四六時中黙々と働き続けて疲れを知らない「植物性筋肉」に分けられる（三木 1992: 34）。手足を動かすのは「動物性筋肉」だが、心臓や腸の動きは「植物性筋肉」による。では、呼吸に関わる筋肉はどちらだろうか。解剖学的に、エラの筋肉は内臓筋の続きからできている「植物性筋肉」である。だが、肺の呼吸運動は、動物性筋肉の働きによる。上陸によりエラが閉じられた代わりに、顔面から喉に広がる動物性筋肉が呼吸のため新たに利用されることになったのである。

これは、三木にいわせれば、「一番大切な、夜も寝ずに働かなければならない呼吸を、最も相応しくない身体の筋肉に任せてしまった」ということであり、その結果、「陸上動物の呼吸は危ない橋を渡っていい」る（三木 1992: 43-44）ということになる。

この事実には今さらながら驚かされる。たしかによく注意して意識すると、私も含めて人は何かに夢中になっているときなど、呼吸がお留守になっていることがときにある。現代の私たちは、日常生活のなかで、息が詰まって苦しくなったり、無呼吸症候群や過呼吸症候群になったりする。現代社会の健康法や、古くからの宗教や武術、技芸の修行や奥義に、呼吸法というものがあるのも頷ける。陸に上がって以来、私たちは呼吸という生存に不可欠な機能において過大なリスクを背負っているのである。

脊椎動物以前に遡りながら、三木は書く。「このからだの原形質」は「地球上のすべての生物のそれとともに、ことごとく、太古の海に生れた生命の原形質と切れ目なく繋がっている」（三木 1989: 34）、と。今ここの身体は、太古の海という起源と結びついている。

3　社会的な身体とそのコントロール

今見てきたのは、冒頭で述べたように、私たちの身体についての語りである。やや詳しく紹介してきたのは、身体にまつわる「事実」を確認するためではない。身体についてさまざまに考え、語ることができる、その可能性のなかから、身体を「社会」という射程を超えた時空間のなかで捉える知とその語りがどのようなものかを示してみたのである。身体をどのように捉え語るか。それは文化や時代、個々人の価値観、慣れ親しんできたものの見方によってさまざまでありうる。

さて、現代社会で、身体は重要な関心事になっている。健康、食事、スポーツ、エクササイズ、ファッション、性、美容……中心にあるのは身体である。『身体と社会理論』（2003：2013）のなかで、C・シリングは、こうした関心の背景には、私たちが今やかつてなく身体をコントロールする手段を手にしているという事実がある、という。身体はもはや所与のものとして受けいれるようなものではなく、知識に基づき技術的にコントロールする対象である。健康維持のために運動したり、食生活に気づかったり、化粧をしたり、整形したり、性別を変えることも不可能ではない。病気や障害は通常治療の対象となる。身体は、シリング曰く、個人にとって、アイデンティティの一部であり、常に何らか働きかけ何かを達成する、「プロジェクト」となっている（Shilling 2003：4）。

身体のコントロール可能性はたしかに高まっているといえよう。実際、私たちはあの手この手で自分の身体を意のままにしようとする。身体に介入する科学技術はますます進歩し、専門知識も豊富にある。

身体は、実際、常日頃の日常的な実践の水準で、コントロールの対象である。例えば、私たちは、学校の授業中、椅子という中腰で座るために発明された用具に自分の身体を固定して、身じろぎもせず黙々と座り続けることができる。長時間じっとしていると、血流は滞り、筋肉はこわばる。いわば、ヒトとしての身体には負担がかかるにもかかわらず。これも、いってみれば、個人のレベルでは、意志による身体のコントロールであり、社会的なレベルでは、教育制度下での子どもたちの身体のコントロールである。また、私たちの多くは、身体の状態を良好に保つことに高い関心をもっており、食事や運動などに気を配る者も少なくない。こうした関心と配慮は、単に個人によってなされているだけでなく、社会的に強く推奨されている。

こうした状況のうちに、身体を統制せんとする権力、生に対する権力が作用していることをフーコーは語った。

> 一八世紀末と一九世紀初頭に発達した資本主義は、生産力と労働力にしたがってまず身体という第一の対象を社会化します。社会による個人の管理は意識やイデオロギーによって行われるだけでなく、身体の内部で、身体とともに行われるものであります。資本主義社会にとって何よりも重要なのは生＝政治的（ビオ＝ポリティック）なものであり、生物学的なもの、身体的なもの、肉体的なものです。（Foucault 1994: 訳 169）

生に対する権力は、「生命に対して積極的に働きかける権力」、「生命を保障し、支え、補強し、増殖させ、またそれを秩序立てる」ものである（Foucault 1976: 137, 138, 訳 173, 174）。フーコーによれば、その一方の極には「規律」があり、それによって身体の調教や適性の増大、身体の力の強奪、有用性と従順さの増強、効果的な管理システムへの組み込みといったことが可能になる。他方の極には、「調整する管理」があり、種である身体の繁殖、出生率、死亡率、健康の水準、寿命、それらを変化させる条件への介入が行われる（Foucault 1976: 139, 訳 176）。

子どもの頃からの規律訓練によって、私たちは授業中じっとしていることが可能な身体となった。それができない子どもは、教師から注意され、落ち着きがない、困った子として問題視される。学校で調教された身体は、他のあらゆる公共の場、そして労働環境と条件にも支障なく適応することが期待される。他方、調整する管理は、例えば国という単位で発動され、少子化を問題視したり、国民に日頃の健康管理や健康診断の受診を求めたりする。

こうした〈生 - 権力〉は、資本主義の発達に不可欠であった、とフーコーは書く。一方では、身体を労働へと管理された形で組み込み、他方では、人口現象を経済的なプロセスにはめ込む、さらにそのどちらにも成長と増大、そして従順な隷属が必要とされる（Foucault 1976: 140–141, 訳 178）。学校に通い卒業し健康に働ける暮らしは望ましい、と多くの人は考える。それは同時に現代社会において私たちに対して求められていることである。

かようにして身体は、社会においてコントロールされ管理され活用される。しかもそれを促す権力は私の外部から私の意志に反して身体に働きかけているというわけではない。身体を気づかい、気づかうことに満足や楽しみをも見出しているのは他でもない私たち自身である。私たちのうちに権力は浸透し、身体をコントロールしようとする欲望として働いている。身体をコントロールするために利用できる知識や技術は豊富にある。私たちはそれらを必要に応じて活用しながら身体に臨む。

以上のように身体について語っているとき、私たちにとって身体は、資本主義社会においてそれをコントロールしようとする意志と技術によってまさにコントロールされる対象である。身体をいかに、そしてどこまで首尾よくコントロールしうるか、が身体をめぐる主たる関心事である。これはたしかに、現代における身体のごく一般的な捉え方であろう。

4　語り方と身体

私たちの身体をどのようなものとして捉え語るか。その捉え方、いわば身体観は、私たちにとってよりよい生き方とはどのようなものか、社会はどうあるのが望ましいのか、という問題と密接につながっている。例えば、身体を、コントロールしようとする意志をもって臨む対象として捉え語るとき、コントロールの拡大と深化は勝利であり、進歩となろう。現代社会でこの発想は浸透している。その一翼を担う科学技術はとりわけこの路線をどこまでも追求しているといえるのではないか。

これに対して、先に見てきたような、西田、島田、三木らの語りは、身体を、「社会」をはるかに超える文脈、時空間のなかに位置づける。結果、その長い時間と広大な視野のなかで、「社会」、ましてや近代や現代の「資本主義社会」といったものは、長い歴史をもつ身体に対して、ごく最近成り上がってきた事柄のように見えてくる。「社会」やそれが身体に対して行おうとする介入は、より大きな図、あるいは物語のなかで、否応なく相対化される。そのコントロールへの意志が、見方によってはどこか滑稽なまでの傲慢さを帯びているようにも思えてくる。文字通り、身の程知らず、とでもいえようか。

社会の「進歩」「発展」もまた相対化される。例えば、先の島田は、動物としての「ヒト」についての生物学的尺度と「人間」としての文化的尺度とを区別したが、その理由について、生活を学問の対象とするという自らの立場を語るなかで次のように述べている。それは、両者、すなわち「ヒト」としての生物学的尺度と「人間」としての文化的尺度がしばしば矛盾し、また後者だけが一人歩きをしていることが多いからである、と（島田 1991: 3）。文化がヒトとしての生活に圧迫を加えている（島田 1991: 13）。「人間によるヒトの生態系の破壊」（島田 1991: 23）。こういわれれば、納得する者は少なくないだろう。「進歩」「発展」した人間の行いが、生き物としてのヒトの首を絞める、そのような事態を、現代社会を生きる私たちは知っている。「人間のヒト離れ」（島田 1991: 67）が今や進み、それが私たち（ヒトであり人間である）の生活、さらには生存を脅かすまでになっている。

このように身体を語る言葉は、現代社会で一定の説得力をもって受けいれられている。(2) それらに触れ、関心を寄せる人びとがいる。そしてこのような身体の語り方に耳を傾け、語られているように身体を改めて捉えてみるとき、身体は、あるいはそうした身体の語り方は、社会の現状と現代人の生活スタイルを問い直すためのひとつの拠り所、あるいは知的・言語的な資源となる。「社会」よりも長い時間を生き、海や渚で過ごしていた頃の経験をもそのうちに秘めながら今を生きている、そのようなものとして身体を捉えることは、「社会」を否応なく相対化させる点で、現代社会のあり方を問い直す契機となる。身体をそのように捉え、よりよい生活と社会を展望するための準拠点とすること、こうした実践が現代そこここで行われている。それはどりもなおさず、「資本主義社会」のなかで築かれてきた私たちの生活と社会のあり方に対して、そして生への権力のもとで身体を管理され管理してきた、そのあり方に対して、このままでよいのか、という疑問と生きづらさが現代、鋭く意識されていることを示すものであろう。第5章で見た、「からだの声をきく」という日常的実践もまたそのひとつの現れとして見ることができるだろう。

5　疲弊と回復の物語——近感覚と遠感得

資本主義的社会で労働や消費に忙しい私たちは、渡邊太にいわせれば「つねに疲れている主体」（渡邊 2012: 75）である。実際、朝夕の通勤電車で見る多くの人びとはとても疲れているように見える。私たちは疲れを癒し、心地よく生きていきたいと願う。

都市生活はそこで生きる人びとの神経を疲れさせる。このことは、すでに二〇世紀初頭、ベルリンで生まれ育ったジンメルが論じている。曰く「大都会では、人間と物とのひしめき合いが絶頂に達して、個人の神経を最高に刺戟する。同じ条件がひたすら量的にのみ増大するので、この神経の昂揚はたちまち逆転し、投げやりという独特な順応の様態を取ることになる」（Simmel 1903=1999: 訳 183-184）。このことは、現代日本の都市にもよく当てはまる。人や物、さまざまな情報があふれている環境で、私たちの神経は昂揚する。そのいちいちに反応していたのではとても身がもたないので、人は外界に対して感覚を鈍磨させ、投げやりや倦怠を示す。それは自分を守るための一種の適応形態である。

それにしてもなぜ、私たちは人や物がひしめき合う環境のなかで、神経を高ぶらせたり、その挙げ句に疲れたりするのだろう。先に見た三木成夫によれば、それは動物としての人間の「近感覚」のため、である。

地球上の生物の生命形態は、進化の途上で「植物」と「動物」に分化した（三木 1989: 36）。この二種類の生物それぞれのあり方を決定した条件は、三木によれば、ただ一点に絞られる。それは、食の合成能力である（三木 1989: 37）。植物は、太陽光線を利用して、無機物から有機物を合成することができる。いわゆる「光合成」である。合成能力のある植物は、太陽の光、空からの雨、大地の無機物、空気中の炭酸ガスをもとに、葉緑素の力で生きていくことができる。それらは地球上のどこにでもたいていある。つまり、彼らは、「居ながらにしておのれのからだを養ってゆくことが出来る」（三木 1989: 38）。大地に根をはり、太陽に向かって伸び広がってゆけばよい。食べるため、命をつないでいくために、動く必要がないのである。ところが、こうした合成能力をもたない動物は、悲しいかな四六時中食べるものを求めて動きまわらなければならない。

食べるためにからだを動かすことは植物の生活では考えられない。それは合成能力を持たないかれら（動物）が、生を営むためにあみ出した、まさに〝窮余の一策〟といえるものであろう。ひとつの性能の有無が、生物の姿をこのように変えてしまう。（三木 1989: 38）

生きるため、食べものを求めて一生動きまわらなければならない。この宿命ゆえ、動物は「運動」と「感覚」の性能を発達させ、それを頼りに自分の身のまわりの環境にいつも気を配っている。要するに、自分の目先のあれこれにいちいち注意を奪われる。

植物は、太陽の動きや季節の変化といった、遠く、大きな宇宙的なものと呼応している。植物の生は、

「遠」と結びついている。これを、三木は、植物の「遠感得」という（三木 1989: 41）。それに対して、動物は、「圧倒的な「近」との結合がみられるのでなければならない。いってみれば目先の変化によってかれらの生活のペースは容易に乱されることとなる」（三木 1989: 41）。そのような動物の頂点に立つ人間は、目先のことにその優れた「近感覚」を集中させ、身辺の事柄のいちいちを次々に処理していくことに追われる。めまぐるしい現代生活を「近感覚」で生きていくならば、疲れることは必至であるように思われる。そして、近感覚的に生きれば生きるほど、「遠」とのつながりを感得することから離れていく。ジンメルが描いた大都市の相互作用、現代の私たちの情報環境における疲れは、まさしくこのような「近感覚」を研ぎすませずには生きのびてこられなかった、動物としての人間ゆえの宿命といえよう。

ところで、現代の忙しい社会生活で疲弊した身体が自然のなかでその活力をとりもどす、ということはよくいわれ、実際そのような経験は誰にでもあるだろう。私たちは、ときに休みをとって、海や山、土と緑のある公園など、自然のもとへ出かけていく。

一八八五年、イギリス、ノッティンガムシャーの炭鉱の町で炭鉱夫の父と教師だった母の間に生まれたD・H・ロレンス（D. H. Lawrence）は、近代化、産業化が進展する社会で、身体よりも言葉や観念によって知的に生きる者、それに対して身体を通して生を全うしようとする者、二つの異なる生のあり方をその作品のなかでしばしば描いている。よく知られている『チャタレー夫人の恋人』も、観念的な夫クリフォードに対して、身体とその感覚に導かれていくコニー・チャタレーが描かれる。

短編小説『太陽』(3)では、ニューヨークで事業家の妻であり母である生活に疲れたジュリエットが、医者のすすめにより都会を離れ、子ども、乳母、母親とともに船で大西洋を渡って「太陽のあたる所」に静養に訪れ、次第に変化を遂げていく様を描いている。出発前の彼女はそのような静養に懐疑的であった。だが、紺碧の海、ぶどうやオリーブの果樹園、レモンの木の深い茂みのある古い土地で過ごすうちに、彼女は太陽の光を浴びて裸になりたいという欲望を感じはじめ、やがて海と太陽と木々だけのひとつの場所をみつけた。それは「海と太陽へと押し出された岩の多い断崖」、大きなサボテンに覆われた場所。つまり、人の暮らす場所からは隔絶された、一人になれる場所である。ジュリエットはそこで服を脱ぎ、やがて太陽のもと裸で横になる。「太陽は驚異の青さで脈打ち、生き、その外縁から白熱の焔を流している！」（Lawrence 1976: 236）。そして、彼女の全身を包む。

彼女には太陽が彼女の骨、いやもっと深く、彼女の感情や思考にまで浸透してくるのが感じられた。彼女の暗い緊張は折れはじめ、彼女の思考の冷たく暗いぬるぬるした塊は溶けはじめた。彼女は身体中に暖かさを感じはじめていた。（Lawrence 1976: 236）

その日帰宅した彼女は、太陽に日をくらまされて、「ぼんやりした、暖かい、物憂い半意識」の状態になっている。あたかも、「近感覚」が退き、「遠感得」が前景化してきたかのようである。こうして毎日太陽のもとに横たわっているうちに、彼女は徐々に変化していく。

そして彼女の心は、あの気に病む張りつめた心は、ちょうど太陽の中で落ち、熟した莢だけを残す花のように、まったく消え失せてしまった。（Lawrence 1976: 239）

彼女は太陽のもと、太陽と共に過ごす。そうして「太陽を知り、太陽も宇宙の肉体的な意味において彼女を知っていると確信するにつれて」、彼女に、「人間を超越する感じ」、そして「人類全体に対する或る軽蔑」が訪れる。「彼らはあまりにも非根源的であり、太陽を知らなかった」(Lawrence 1976: 240)、と。彼女は変わる。

これまで彼女は常に自己の主人であり、自分のしている事を意識し、自分の力を固く守ってきた。今彼女は自分の中に、全く別種の力が、何か自分自身よりも大きいものが、ひとりで流れているのを感じた。今彼女は茫漠としていた。しかし彼女には自分を超えた力があった。(Lawrence 1976: 244)

これまで彼女自身が意識していた自我は、「第二義的」で「二義的な人間」となり、「真のジュリエット」は、「彼女の奥深い身体から太陽へ流れる」「暗い流れ」となる(Lawrence 1976: 244)。そんな彼女のもとを久しぶりに訪ねてきた夫は次のように描かれる。「濃い灰色の背広を着、薄い灰色の帽子をかぶり、内気な実業家の、灰色の修道僧のような顔をした彼は、完全に場違いであった」(Lawrence 1976: 252)。これは資本主義社会で都市生活を送る者の身体である。彼女は彼の「灰色の都会人の顔」、「屋内的」な「固まった黒灰色の髪」、「非常に正確なテーブル・マナー」などを見る(Lawrence 1976: 255–256)。規律により馴化された身体でありその姿である。

では、太陽のもとでジュリエットが感じるようになった「何か自分自身よりも大きいもの」、自分の中の「全く別種の力」、「自分を超えた力」、彼女のこれまでの自我を「第二義的」なものへと押しやってしまう、「彼女の中の、彼女の知っている意識や意志よりも深い、何か神秘的な力」(Lawrence 1976:

244）とは何であろうか。さまざまな解釈ができるだろうが、ひとつは、身体そのものの生命力、生の力といえるのではないだろうか。ロレンス自身の言葉を借りれば、「生命の自然な焔（the natural blaze of life）」（Lawrence 1976: 240）ではないか。それは、彼女の中に新しく生じたものではなく、もとからある。太陽との交感がその力を引き出し輝かせる。それはまた、「彼女を新しい生き方へと運ぶ働き」を彼女の中に生じさせるのだとロレンスは書いている〈4〉。

『チャタレー夫人の恋人』の翻訳者、武藤浩史は、『『チャタレー夫人の恋人』と身体知』のなかで、ロレンスが行ったのは、「社会問題の身体感覚化」（武藤 2010: 86）であったと論じる。『チャタレー夫人の恋人』が提起しているのは、「五感、とりわけ触覚を活用せず、視覚のみに頼って機械的に生きてゆく人生の姿勢、つまり生の身体感覚の問題」（武藤 2010: 87）である、と。ここで武藤が念頭においている社会問題とは、当時のイギリスの階級問題、地域格差といった国家的な諸問題であるが、ロレンスが身体感覚化した問いは、近現代の資本主義的な社会、高度化した情報社会全般に当てはまることのように思われる。

6　身体・社会・自然

社会学は何かといえば、「それは社会的なものである」という。身体もしかり。それが、社会学の語り方である。

しかし身体は同時に、それ以上にあるいはそれ以前に、自然に属している、ということもできる。自然の力（生命力）によって私たちの身体はそれ自体として生を営んでいる。その身体は、昨日今日にできあがったものではなく、「太古の海に生れた生命の原形質」の時代から、三六億年の時を刻んでいる。その一方で身体はたしかに文化に属し、社会の要請を受けている。煩雑な社会生活に馴染み、実用性、有用性、合目的的な適切性を求められ、評価され、管理され、コントロールされている。社会の網の目のなかに身体はいく重にも組み込まれている。それでもなおまた私たちの身体は神秘的にもそれ自身としてたしかに生きている。

こうして私たちはあえて、身体を二つの異なる位相に属するものと捉えてみることができる。本章でも、二つの異なる捉え方、語り方を並べてきた。最初に注意したように、ここで身体を、本質的に自然のものだ、とか、いや社会的なものだ、などと決め込む意図はまったくなく、またそのようなことは必要でもない。さらにいえば、社会や文化と自然とを二項対立的に捉える発想それ自体も「社会的」なものといえる。もっといえば、その発想には、単に「社会的」なだけでなく、「西洋的」とか「近代的」というラベルがはられることもある。実際、自然誌的な語りの観点からいえば、この二項対立は、つい最近うまれたにすぎない人間の「社会」を悠久の「自然」に対置しうるなどと考えている時点で、あまりにも「社会」本位の、いわば傲岸な発想ともいえそうである。だからこそ、あえて、なのだ。「社会」を「自然」に対して置く、近代的不遜さも脇に置く。何といっても私たちは「社会」のうちに「近感覚」で住まっているため、その直接的な力を過大評価したとしてもいたしかたない。それがやはり私たちのリアルな実感なのである。ともあれ、ここで、「社会」だけでない、異なる複数の系を想定し、身体をそれらに同時に属しているものと思い描いてみることにしよう。

ひとつの存在がまったく異なる二つの秩序に同時に属することについて、魅力的な思考を展開した人にジンメルがいる。「ひとつの存在が、自分を包み込む領域の統一性に完全に帰属しながら、同時にまったく別な事物の秩序から要請を受けている」（Simmel 1905: 訳 84）こと、このようなあり方を、ジンメルは「相互共属性の多様性」と「内部と外部の同時存在性」といい、これが人間と事物の生の豊かさということかもしれない、と述べる。

ひとつの世界に属しながら、別の世界にも属していること、そのことは私たちの生に、多様な生と共生を贈り届けてくれるとジンメルは続ける。二つの世界に属しているとき、

> そのとき魂は、さながらひとつの世界――現実の世界であれ、理念の世界であれ――がもうひとつ別の世界にさしのべた腕となる。それはもうひとつの世界をつかみ、それを自分につなぎとめる腕であると同時にまた、その世界からつかまれ、その世界につなぎとめられる腕となるのだ。（Simmel 1905: 訳 86, 87）

「魂」を「身体」にいいかえてみよう。複数性の中で、あるひとつは、別のひとつによって相対化されつつ、自らがもっていないものを他から受けとることができる。

たしかに、「社会」と「自然」を二つの異なる系とすること、その上で、「自然」を、私たちが身体的存在として属するもうひとつの系として、社会批判のよりどころとすること、このような思考自体、社会的なものであり、私たちの発想そのものがとらわれている枠組みそのものである、ということもできるだろう。それは実際、陳腐なまでに素朴に繰り返されてきたクリシェでもある。しかし、それでも私たちは、問題を抱える社会の現状を問い直し、よりよいあり方を探るため、何らかの拠り所をどこかし

らに求め続け、「自然」という大きな物語について語る。たとえ、使い古された決まり文句、お馴染みのクレイムとされようが、また、それを「素朴」だとか「ナイーブ」だと嘲笑、自嘲しながらも、「自然」に「社会」の外部を仮託する。一方では、「外部」などない、といいながら、それでも相対的な外部へと心を寄せ、私たちの社会、今の暮らし方と生を見つめ、よりよく生きたいと願う。

身体は、「自然」の一部であり、社会的なものである、この二重性を体現し日々実感させてくれる。二つの秩序が交わる前線として、身体は、いずれの側からも捉えられ語られる。一方の物語においては徹底的に社会的なものである身体は、他方においては、社会のうちで社会的なものを相対化する準拠点、ジンメルのいう、もうひとつ別の世界に差し伸べられた腕、別の世界からつかまれ、その世界につなぎ止められる腕なのである。第2章で触れたように、私たちの身体は常にいくばくかの危険にさらされている。私たちの身体は、傷つきやすい。それは私たちの生の傷つきやすさ、脆弱さである。私たちの誰もが弱者ないし潜在的な弱者である。しかし同時に身体は、私自身を超える力によって私をこの社会のなかで生かし、他者と交流し困難に抵抗する力、太陽の光を浴びる喜びを私に与えてくれる。それはまたやがて私を自然のなかへふたたび連れていくだろう。身体について語ることは、社会を語ることであり、私たちはいかにしてよりよく生きることができるのか、を考えることである。

注

〈1〉島田は、動物としてのヒトの食性と、現代人の食文化・食生活のずれをめぐって、統計的に動物性食品を多く摂取している地域で癌などの死亡率が高いのは、このずれの大きさが直接、間接に関わっていることを示していると考えられる、と述べている（島田 1988: 124）。一九七七年、アメリカ上院の栄養問題特別委員会が発表した「米国の食事目標」、いわゆる「マクガバン報告」が、アメリカ国民の健康のため、野菜、果物、全粒粉などの穀物、要するに植物性食品の摂取を増やし、動物性脂肪の多い食品を減らすことを提案したこともよく知られている。日本において、ヨーロッパの「翻訳栄養学」をしりぞけ「肉の害」（沼田 2005: 89, 70）を説く議論は、専門的なものから実用健康書的なものまで、今や枚挙にいとまがない（沼田 2005、久司・久司 1989: 東城 2002: 石塚 1982 等）。貝原益軒の『養生訓』は、「飲食は生命の養也」とし、「肉多くくらふべからず」（貝原 1713=1961: 64-65）と説く。

〈2〉近年では、他に中村桂子（2013）など。

〈3〉遠藤徹（2006）は、自分の心地よさに忠実になる、という観点からこの短編に言及している。

〈4〉身体が意識を超える、身体を意識から解放するという発想については、例えば武術家、甲野善紀が次のように語っているのが興味深い。「身体を、意識の支配下に置くことは、意識の習慣性のなかに埋没することである」（甲野・田中 2005: 202）。逆に、身体が人を導き変えていく日々のプロセスを語るものに内澤（2010）、群（2015）など。

初出一覧・謝辞

本書は以下の各章から構成した。

第1章　「相互作用と身体の現前――ゴフマン共在分析の視点から」（二〇一〇）（『社会学年誌』早稲田社会学会、五一号、一三五―一五一頁）、"Interaction and the Presentation of Body: The Politics of Line-Drawing from Goffman's Theory of Co-presence" (2010)（The Society for Phenomenology and the Human Sciences 2010 Annual Conferences, Montreal, Canada 報告）を改稿。

第2章　「社会問題研究と日常生活の自明性」（二〇〇六）（『三田社会学』三田社会学会、一一号、六八―八一頁）を改稿。

第3章　「身体と相互行為秩序」（二〇〇七）（山岸健責任編集、草柳千早・澤井敦・鄭暎恵編『社会学の饗宴I　風景の意味――理性と感性』三和書籍、一六七―一九一頁）、"The Interaction Order and the Claims-making Body: A View from Goffman's Interaction Theory" (2007)（The Society for Phenomenology and the Human Sciences 2007 Annual Conferences, Chicago, U.S.A 報告）を改稿。

第4章　書き下ろし

第5章　書き下ろし

第6章　「若者と大人たちの簡単で安全で優しい関係　知識と関係をめぐる考察」（二〇一一）（小谷敏・土井隆義・芳賀学・浅野智彦編『若者の現在　政治』日本図書センター、六七―九四頁）を改稿。

第7章　「ゴフマン相互行為論の地平」（二〇〇〇）（『情況』二〇〇〇年八月号別冊、『現代社会学の最前線3、実践－空間の社会学——他者・時間・関係の基層から』情況出版、九三—一〇九頁）を改稿。
第8章　ほぼ書き下ろし　ただし、「身体・社会・太陽」（二〇一三）（山岸健・浜日出夫・草柳千早共編『希望の社会学』三和書籍）の一部から新たに展開。

本書をまとめるまでに多くの人びとに学んできた。そのすべての方々に感謝したい。学生時代からの恩師、山岸健先生には常に教えられ励ましをいただいてきた。「私がいるところには私の身体がある」「私たちは、座標原点でもあれば根源的な表出空間でもある身体に注目しなければならないだろう」（山岸健 1981: 20, 18）。『社会学評論』に発表された先生の「現実構成と身体」という論文から三〇年以上たった今、改めてこの文章を読み返している。また、今ここの相互作用において私たちが何よりも身体としてあること、この当たり前ゆえに日常的にはかえって意識しづらくもあることへの関心は、鍼灸師、坂井秀雄先生、能楽師、山村庸子先生、元プロ・スケートボーダーで現在は中国武道家、サイモン・ロケット先生、国際中医薬膳師で料理研究家、羽多寿永先生から多くを学びながら深まった。お話をきかせていただいたさまざまな方々に感謝したい。学生たちにも大いに触発されてきた。

世界思想社の皆さまには、『「曖昧な生きづらさ」と社会』に引き続き、大変お世話になった。心より感謝します。本書タイトルもお力添えにより決まった。「最前線」は軍事用語で戦いを想起させるかもしれないが、一般的な局面で比喩的にも使われる。ここでは、本文中紹介した野口晴哉の言葉、自分のからだは生命三六億年の歴史の先端である、ということ、また他者と、そして社会と触れ合う接点であり最先端であるということ、それらの意味を込めて採用した。

本書をまとめる過程で、以下の研究助成を受けた。文部科学省科学研究費基盤研究(C)(二〇〇九年度~二〇一一年度)、早稲田大学特定課題助成研究(二〇〇八年度、二〇一二年度、二〇一三年度)。また二〇一三年度四月から九月までの半年間、早稲田大学より特別研究期間を得て、うち三ヵ月間をロンドン大学SOAS(School of Oriental and African Studies)にて過ごし、執筆に集中した。本書執筆・完成のために大いに助けられたことに感謝したい。

二〇一四年一二月三一日

草柳千早

に』北大路書房.
Weinstein, R. M., 1994, "Goffman's *Asylums* and the Total Institution Model of Mental Hospitals," Gary Alan Fine and Gregory W. H. Smith (eds.), 2000, *Erving Goffman Volume III,* Sage Publication, 280-304.
Williams, R., 1988, "Understanding Goffman's Methods," Paul Drew and Anthony Wootton (eds.), *Erving Goffman: Exploring the Interaction Order,* Polity Press, 64-88.
山田真茂留, 2000, 「若者文化の析出と融解」宮島喬編『講座社会学 7　文化』東京大学出版会, 21-56.
山岸健, 1981, 「現実構成と身体」『社会学評論』32(3): 18-35.
山岸美穂・山岸健, 1999, 『音の風景とは何か——サウンドスケープの社会誌』日本放送出版協会.
山村庸子, 2010, 『声の道場——日本の声が危ない』一世出版.
山崎喜比古編, 2001, 『健康と医療の社会学』東京大学出版会.
安川一編, 1991, 『ゴフマン世界の再構成——共在の技法と秩序』世界思想社.
Yourcenar, M., 1958=2001, 『ハドリアヌス帝の回想』多田智満子訳, 白水社.

『Days Japan』2014.8. 「福島原発事故後の生活・子どもの健康　福島の母440人の証言集」.
『きょうの健康』2009.7. NHK 出版.
『きょうの健康』2009.8. NHK 出版.
『うかたま』2014. Vol. 33. 農山漁村文化協会.

の根本問題――個人と社会』岩波書店.）
椎野信雄，1982，「ゴッフマン――社会秩序としての対面行為」『現代思想』10(10)：54-57.
Siniscalchi, V., and Carole Counihan, 2014, "Ethnography of Food Activism," Carole Counihan and Valeria Siniscalchi (eds.), *Food Activism: Agency, Democracy and Economy,* Bloomsbury, 3-12.
Smart, B., 1996, "Facing the Body: Goffman, Levinas and the Subject of Ethics," *Body & Society,* 2(2): 67-78.
Smith, G., 2006, *Erving Goffman,* Routledge.
Spector, M. B., & J. I. Kitsuse, 1977, *Constructing Social Problems,* Aldine de Gruyter.（＝1990，村上直之・中河伸俊・鮎川潤・森俊太郎『社会問題の構築――ラベリング理論をこえて』マルジュ社.）
鈴木智之，1999，「「不確かな個人」――私的身体と公共空間」『三田社会学』(4)：4-16.
Synnott, A., 1993, *The Body Social: Symbolism, Self and Society,* Routeledge.（＝1997，高橋勇夫訳『ボディ・ソシアル――身体と感覚の社会学』筑摩書房.）
平英美・中河伸俊編，2000，『構築主義の社会学――論争と議論のエスノグラフィー』世界思想社.
高原正興，2001，「非行統計の社会的構成と統制側の処遇――万引きに対する社会的反作用の実証研究から」『福祉社会研究』(2)：1-14.
高橋直子，2002，『お洋服のちから』朝日新聞社.
田中美津，1972＝2004，『いのちの女たちへ――とり乱しウーマン・リブ論』現代書館.
東城百合子，2002，『食生活が人生を変える』三笠書房.
内澤旬子，2010，『身体のいいなり』朝日新聞出版.
薄井明，1991，「〈市民的自己〉をめぐる攻防――ゴフマンの無礼・不作法論の展開」安川一編『ゴフマン世界の再構成』世界思想社，157-183.
Wagner, H. R., 1973, "The Scope of Phenomenological Sociology: Considerations and Suggestions," G. Psathas (ed.), *Phenomenological Sociology: Issues and Applications,* 61-87.
渡邊太，2012，『愛とユーモアの社会運動論――末期資本主義を生きるため

Resistance, Yale University Press.
———, 1986, "Everyday Forms of Peasant Resistance," *Journal of Peasant Studies,* 13(2): 5-35.
Shalin, Dmitri N., 2014, "Goffman on Mental Illness: *Asylums* and "The Insanity of Place" Revisited," *Symbolic Interaction,* 37(1): 122-144.
Shilling, C., 2003, *The Body and Social Theory,* Second edition, SAGE Publication.
———, 2013, *The Body and Social Theory,* Third edition, Sage Publication.
島田彰夫, 1988,『食と健康を地理からみると——地域・食性・食文化』農山漁村文化協会.
———, 1991,『動物としてのヒトを見つめる——衛生学・文化人類学そして生活学へ』農山漁村文化協会.
———, 1994,『食とからだのエコロジー——「食術」再考』農山漁村文化協会.
———, 2011,『伝統食の復権』不知火書房.
島村菜津・辻信一, 2008,『そろそろスローフード——今, 何をどう食べるのか？』大月書店.
Simmel, G., 1890, *Über sociale Differenzierung, Soziologische und psychologische Untersuchungen,* Duncker & Humblot.（＝1998, 居安正訳『社会分化論・宗教社会学』青木書店.）
———, 1903, *Die Großstädte und das Geistesleben.*（＝1994, 居安正訳「大都市と精神生活」酒田健一・熊沢義宣・杉野正・居安正訳『ジンメル著作集12　橋と扉』白水社, 269-285, ＝1999, 川村二郎編訳,「大都会と精神生活」『ジンメル・エッセイ集』平凡社, 173-200.）
———, 1905, Der Henkel.（＝1999, 北川東子編訳, 鈴木直訳「取っ手」『ジンメル・コレクション』筑摩書房, 71-87.）
———, 1908, *Soziologie: Untersuchungen über die Formen der Vergesellschaftung.*（＝1994, 居安正訳『社会学——社会化の諸形式についての研究〈上〉〈下〉』白水社.）
———, 1917, *Grundfragen der Soziologie.*（＝1966, 阿閉吉男訳『社会学の根本問題——個人と社会』社会思想社, ＝1979, 清水幾太郎『社会学

Taylor, 1977, "*Asylums* Revisited," Gary Alan Fine and Gregory W. H. Smith (eds.), 2000, *Erving Goffman Volume III,* Sage Publications, 184–192.
Perry, N., 1974, "The Two Cultures and the Total Institution," Gary Alan Fine and Gregory W. H. Smith (eds.), 2000, *Erving Goffman Volume III,* Sage Publications, 173–183.
Petrini, C., 2005, *Buono, Pulito. e Giusto.*（＝2009, 石田雅芳訳『スローフードの奇跡――おいしい，きれい，ただしい』三修社.）
Phillips, L., 2010, "Veganism and Ecowomanism," A. Breeze Harper (ed.), *Sistah Vegan: A Black Female Vegans Speak on Food, Identity, Health, and Society,* Lantern, 8–19.
Sacks, H., 1979, "Hotrodder: A Revolutionary Category," G. Psathas (ed.) *Everyday Language: Studies in Ethnomethodology,* Irvington Publisher, 23–53.（＝1987,「ホットロッダー――革命的カテゴリー」山田富秋・好井裕明・山崎敬一編訳『エスノメソドロジー――社会学的思考の解体』せりか書房，19–37.）
佐保田鶴治，1982,『ヨーガ禅道話』人文書院.
桜井洋，1993,「言葉の現在と聖性の所在――革命の言語と詩的言語の変容」『情況』情況出版，1993，1・2月号，88–104.
櫻井龍彦，1998,「ゴッフマンにおけるモダニティの問題――相互行為の秩序と近代」『慶應義塾大学大学院社会学研究科紀要』46: 15–22.
佐藤純一編，2000,『文化現象としての癒し――民間医療の現在』メディカ出版.
Schutz, A., 1962, *Collected Papers I: The Problem of Social Reality,* Maurice Natanson (ed.), Kluwer Academic Publishers.（＝1983, 1985, M. ナタンソン編，渡部光・那須壽・西原和久訳『アルフレッド・シュッツ著作集第1巻　社会的現実の問題 I』『アルフレッド・シュッツ著作集第2巻　社会的現実の問題 II』マルジュ社.）
――――, 1970, *Reflections on the Problem of Relevance,* Yale University Press.（＝1996, 那須壽・浜日出夫・今井千恵・入江正勝訳『生活世界の構成――レリヴァンスの現象学』マルジュ社.）
Scott, J. C., 1985, *Weapons of the Weak: Everyday Forms of Peasant*

武藤浩史, 2010,『『チャタレー夫人の恋人』と身体知——精読から生の動きの学びへ』筑摩書房.
中村桂子, 2013,『科学者が人間であること』岩波書店.
中西新太郎, 2011,「アンダークラスでもなく国民でもなく——若者の政治的身体」小谷敏・土井隆義・芳賀学・浅野智彦編『若者の現在　政治』日本図書センター, 309-341.
中野収, 1985,『まるで異星人——現代若者考』有斐閣.
————, 1991,『若者文化人類学——異人としての若者論』東京書籍.
那須壽, 1985,「社会運動論再考のために——H. ブルーマーの集合行動論をめぐって」『社会科学討究』30(3): 637-668.
————, 1986,「社会的不安から集合行動へ, そして社会運動へ——社会運動研究のための視座を求めて」『社会科学討究』32(2): 559-588.
西田正規, 2007,『人類史のなかの定住革命』講談社.
野口晴哉, 1976,『健康生活の原理——活元運動のすすめ』全生社.
野口裕二・野村直樹, 1997,「訳者あとがき」S. マクナミー・K. J. ガーゲン著, 野口裕二・野村直樹訳『ナラティヴ・セラピー——社会構成主義の実践』金剛出版, 219-228.
沼田勇, 2005,『日本人の正しい食事——現代に生きる石塚左玄の食養・食育論』農山漁村文化協会.
小川明, 1983,『感性革命』TBS ブリタニカ.
岡原正幸, 2011,「感情と文明化論——エリアス派感情社会学の礎石」『哲学』三田哲学会, 第127集：229-256.
————, 2012,「感情管理社会におけるセルフマネジメント——文明化と感情の軌跡」『哲学』三田哲学会, 第128集：1-49.
沖正弘, 1978,『ヨガによる生きる喜びの発見』白揚社.
大野哲也, 2012,『旅を生きる人びと——バックパッカーの人類学』世界思想社.
Ortner, S. B., 2006, *Anthropology and Social Theory: Culture, Power, and the Acting Subject,* Duke University Press.
大塚英志, 1998,「少年とナイフ——移行対象領域論」『中央公論』1998(4): 268-279.
Peele, R., Paul V. Luisada, Mary Jo Lucas, Diane Rudisell and Debra

Manning, P., 1992, *Erving Goffman and Modern Sociology,* Polity.

松田素二, 1997,「都市のアナーキーと抵抗の文化」青木保他編『文化人類学 第6巻 紛争と運動』岩波書店, 95-134.

———, 2009,『日常人類学宣言！——生活世界の深層へ／から』世界思想社.

McNamee, T., 2007, *Alice Waters and Chez Panisse: The Romantic, Impractical, Often Eccentric, Ultimately Brilliant Making of a Food Revolution*（=2013, 萩原治子訳『美味しい革命——アリス・ウォータースと〈シェ・パニース〉の人びと』早川書房.）

Mead, G. H., 1934, *Mind, Self and Society from the Standpoint of a Social Behaviorist,* The University of Chicago Press.（=1973, 稲葉三千男・滝沢正樹・中野収訳『精神・自我・社会』青木書店, 1995, 河村望訳『精神・自我・社会』人間の科学社.）

Meyrowitz, J., 1990, "Redefining the Situation: Extending Dramaturgy into a Theory of Social Change and Media Effects," S. H. Riggins (ed.), *Beyond Goffman: Studies on Communication, Institution, and Social Interaction,* Mouton de Gruyter, 65-98.

三木成夫, 1989,『生命形態の自然誌 第1巻 解剖学論集』うぶすな書院.

———, 1992,『海・呼吸・古代形象——生命記憶と回想』うぶすな書院.

Miller, G., 1993, "New Challenges to Social Constructionism: Alternative Perspectives on Social Problems Theory," J. A. Holstein and G. Miller (eds.), *Reconsidering Social Constructionism: Debates in Social Problems Theory,* Aldine de Gruyter, 253-278.

Miller, L. J., 1993, "Claims-Making from the Underside: Marginalization and Social Problems Analysis," J. A. Holstein and G. Miller (eds.), *Reconsidering Social Constructionism: Debates in Social Problems Theory,* Aldine de Gruyter, 349-376.

美馬達哉, 1998,「軍国主義時代——福祉国家の起源」佐藤純一・黒田浩一郎編『医療神話の社会学』世界思想社, 103-126

群ようこ, 2015,『ゆるい生活』朝日新聞出版.

Murphy, R., 1987, *The Body Silent,* Norton.（=2006, 辻信一訳『ボディ・サイレント』平凡社.）

『科学』Mar. 2010: 290-294.
――――, 2010,『「健康格差社会」を生き抜く』朝日新書.
甲野善紀・田中聡, 2005,『身体から革命を起こす』新潮社.
Kosík, K., 1967＝1977,『具体的なものの弁証法』花崎皋平訳, せりか書房.
草柳千早, 1995,「現代のシンボリック相互作用論者 E. ゴフマン――相互行為秩序と自己」船津衛・宝月誠編『シンボリック相互作用論の世界』恒星社厚生閣, 73-85.
――――, 1998,「「問題経験」の語られ方――クレイム申し立て研究の歴史的性格と現代」『社会学年誌』早稲田社会学会, (39): 19-36.
――――, 2004,『「曖昧な生きづらさ」と社会――クレイム申し立ての社会学』世界思想社.
――――, 2007,「身体と相互行為秩序」山岸健責任編集『社会学の饗宴 I 風景の意味――理性と感性』三和書籍, 167-191.
――――, 2011,『〈脱・恋愛〉論――「純愛」「モテ」を超えて』平凡社.
――――, 2013,「身体・社会・太陽」山岸健・浜日出夫・草柳千早共編『希望の社会学』三和書籍, 47-64.
Kushi, Michio and Aveline 1985, Alex Jack (ed.), *Macrobiotic Diet,* Japan Publications.（＝久司道夫・久司アヴェリン偕代, 1989, アレックス・ジャック編, 田村源二訳『マクロビオティック食事法』日貿出版社).
Lawrence, D. H., The Sun.（＝1976, 奥村透訳「太陽」『ロレンス短篇傑作集』あぽろん社, 231-259.）
――――, 1928, *Lady Chatterley's Lover.*（＝2004, 武藤浩史訳『チャタレー夫人の恋人』筑摩書房.）
Loyd-Paige, M. R., 2010, "Thinking and Eating at the Same Time: Reflections of a Sistah Vegan," A. Breeze Harper (ed.), *Sistah Vegan: A Black Female Vegans Speak on Food, Identity, Health, and Society,* Lantern, 1-7.
Lyon, David, 2001, *Surveillance Society: Monitoring Everyday Life,* Open University Press.（＝2002, 河村一郎訳『監視社会』青土社.）
幕内秀夫, 2011,『病気にならない女性は「カタカナ食」を食べない』講談社.

and Valeria Siniscalchi (eds.), *Food Activism: Agency, Democracy and Economy,* Bloomsbury, 15-30.
Harper, A. B., 2010, "Social Justice Beliefs and Addiction to Uncompassionate Consumption: Food for Thought," A. Breeze Harper (ed.), *Sistah Vegan: A Black Female Vegans Speak on Food, Identity, Health, and Society,* Lantern, 20-41.
羽鳥操，2002，『野口体操——感覚こそ力』春秋社.
速水健朗，2013，『フード左翼とフード右翼——食で分断される日本人』朝日新聞出版.
穂村弘，2013，『蚊がいる』メディアファクトリー.
Ibarra, P. R., and J. I. Kitsuse, 1993, "Vernacular Constituents of Moral Discourse: An Interactionist Proposal for the Study of Social Problems," J. A. Holstein and G. Miller (eds.), *Reconsidering Social Constructionism: Debates in Social Problems Theory,* Aldine de Gruyter, 25-58.（＝2000，中河伸俊訳「道徳的ディスコースの日常言語的な構成要素——相互作用論の立場からの社会問題研究のための一提案」平英美・中河伸俊編『構築主義の社会学』世界思想社.）
石塚左玄，1982，『食医石塚左玄の食べもの健康法——自然食養の原典『食物養生法』現代語訳』橋本政憲訳・丸山博解題，農山漁村文化協会.
貝原益軒，1713＝1961，石川謙校訂『養生訓・和俗童子訓』岩波書店.
菅野仁，2003，『ジンメル・つながりの哲学』NHK 出版.
木村直恵，1998，『〈青年〉の誕生——明治日本における政治的実践の転換』新曜社.
北村昌陽，2011，『カラダの声をきく健康学』岩波書店.
Kitsuse, J. I., 1980, "Coming Out All Over: Deviants and the Politics of Social Problems," *Social Problems,* 28(1): 1-13.
小林盾，2010，「社会階層と食生活——健康への影響の分析」『理論と方法』25(1): 81-93.
Kochman, T., 1981, *Black and White Styles in Conflict,* The University of Chicago Press.（＝1994，石川准訳『即興の文化——アメリカ黒人の鼓動が聞こえる』新評論.）
近藤克則，2010，「幸福・健康の社会的決定要因——社会疫学の視点から」

『社会理論と現代社会学』青木書店，151-192.）
Goffman, E., 1959, *The Presentation of Self in Everyday Life,* Doubleday Anchor.（=1985，石黒毅訳『行為と演技——日常生活における自己呈示』誠信書房.）
———, 1961a, *Asylums: Essays on the Social Situation of Mental Patients and Other Inmates,* Anchor Books,（=1984，石黒毅訳『アサイラム——施設被収容者の日常世界』誠信書房.）
———, 1961b, *Encounters: Two Studies in the Sociology of Interaction,* The Bobbs-Merrill Company, Penguin University Books.（=1985，佐藤毅・折橋徹彦訳『出会い——相互行為の社会学』誠信書房.）
———, 1963a, *Behavior in Public Places: Notes on the Social Organization of Gatherings,* The Free Press.（=1980，丸木恵祐・本名信行訳『集まりの構造——新しい日常行動論を求めて』誠信書房.）
———, 1963b, *Stigma: Notes on the Management of Spoiled Identity,* Prentice-Hall.（=2001，石黒毅訳『スティグマの社会学——烙印を押されたアイデンティティ』せりか書房.）
———, 1967, *Interaction Ritual: Essays on Face-to-Face Behavior,* Pantheon Books.（=2002，浅野敏夫訳『儀礼としての相互行為——対面行動の社会学』法政大学出版局.）
———, 1969, *Strategic Interaction,* University of Pennsylvania Press.
———, 1974, *Frame Analysis: An Essay on the Organization of Experience,* Northeastern University Press.
———, 1981, *Forms of Talk,* University of Pennsylvania Press.
後藤吉彦，2007，『身体の社会学のブレークスルー——差異の政治から普遍性の政治へ』生活書院.
Gronfein, W., 1992, "Goffman's Asylums and the Social Control of the Mentally Ill," Gary Alan Fine and Gregory W. H. Smith (eds.), 2000, *Erving Goffman Volume III,* Sage Publications, 255-279.
———, 1999, "Sundered Selves: Mental Illness and the Interaction Order in the Work of Erving Goffman," Greg Smith (ed.), *Goffman and Social Organization,* Routledge, 81-103.
Gross, J. E., 2014, "Food Activism in Western Oregon," Carole Counihan

政治学』岩波書店.）

Crane, D., 2000, *Fashion and Its Social Agendas: Class, Gender, and Identity in Clothing,* University of Chicago Press.

Crossley, N., 1995, "Body Techniques, Agency and Intercorporeality: On Goffman's Relations in Public," *Sociology: the Journal of the British Sociological Association,* 29(1): 133-149.

Danielle, M., 2010, "Nutrition Liberation: Plant-based Diets as a Tool for Healing, Resistance, and Self-reliance," A. Breeze Harper (ed.), *Sistah Vegan: A Black Female Vegans Speak on Food, Identity, Health, and Society,* Lantern, 47-52.

Davies, C., 1989, "Goffman's Concept of the Total Institution: Criticisms and Revisions", Gary Alan Fine and Gregory W. H. Smith (eds.), 2000, *Erving Goffman Volume III,* Sage Publications, 239-254.

Dowd, M., 2008.2.13, New York Times.

Dufrenne, M., 1991, *L'OEil et L'Oreille,* Jean-Michel Place.（=1995, 桟優訳『眼と耳』みすず書房.）

遠藤徹, 2006,「「気持ちのいい身体」の行方」鷲田清一編『身体をめぐるレッスン1　夢みる身体』岩波書店.

柄本三代子, 2002,『健康の語られ方』青弓社.

Entwistle, J., 2000, *The Fashioned Body: Fashion, Dress and Modern Social Theory,* Polity Press.（=2005, 鈴木信雄監訳『ファッションと身体』日本経済評論社.）

Ewick, Patricia, and Susan Silbey, 2003, "Narrating Social Structure: Stories of Resistance to Legal Authority," *American Journal of Sociology,* 108(6): 1328-1372.

Foucault, M., 1976, *The History of Sexuality Volume 1: An Introduction.*（=1986, 渡辺守章訳『性の歴史Ⅰ　知への意志』新潮社）

———, 1994=2006,『フーコー・コレクション6　生政治・統治』小林康夫・石田英敬・松浦寿輝編, 筑摩書房.

Giddens, A., 1987, "Erving Goffman as a Systematic Social Theorist," *Social Theory and Modern Sociology,* Polity Press.（=1998, 草柳千早訳「体系的社会理論家としてのアーヴィン・ゴフマン」藤田弘夫監訳

引用指示文献

赤木明登，2006，『美しいもの』新潮社.

天野朋子，2010，『Whole Foods Studio のセルフ・ヒーリング・クッキング——玄米，豆，野菜，海草で元気を引き出す毎日のごはん』学陽書房.

天谷保子，2012，『ありのままがいちばん。』WAVE 出版.

Anspach, R. R., 1979, "From Stigma to Identity Politics: Political Activism among the Physically Disabled and Former Mental Patients," *Social Science & Medicine,* 13A: 765-773.

浅野智彦編，2006，『検証・若者の変貌——失われた10年の後に』勁草書房.

Atkinson, P. and Maggie Gregory, 2008, "Constructions of Medical Knowledge," James A. Holstein and Jaber F. Gubrium (eds.), *Handbook of Constructionist Research,* The Guilford Press, 593-608.

Austin, J. L., 1962, *How to Do Things with Words,* Oxford University Press.（=1978，坂本百大訳『言語と行為』大修館書店.）

Barthes, R., 1973, *Le Plaisir du Texte,* Éditions du Seuil.（=1977，沢崎浩平訳『テクストの快楽』みすず書房.）

Bauman, Z., 2001, *The Individualized Society,* Polity Press.（=2008，澤井敦・菅野博史・鈴木智之訳『個人化社会』青弓社.）

Berger, J., 1972, *Ways of Seeing,* Penguin.（=1986，伊藤俊治訳『イメージ Ways of Seeing——視覚とメディア』PARCO 出版.）

Butler, J., 1997, *Excitable Speech: A Politics of the Performative,* Routledge.（=2004，竹村和子訳『触発する言葉——言語・権力・行為体』岩波書店.）

Certeau, Michel de, 1980a, *Arts de Faire, The Practice of Everyday Life.*（=1987，山田登世子訳『日常的実践のポイエティーク』国文社.）

————, 1980b, *La Culture Au Pluriel.*（=1999，山田登世子訳『文化の

著者紹介

草柳千早（くさやなぎ　ちはや）

1959年生まれ。

慶應義塾大学大学院社会学研究科修士課程修了後，生活科学研究所研究員，ぴあ総合研究所客員研究員，大妻女子大学社会情報学部教員等を経て，現在，早稲田大学文学学術院教授。文学博士。

主な著書・論文に，『「曖昧な生きづらさ」と社会』（世界思想社，2004年），『希望の社会学』（共編著）（三和書籍，2013年），『社会学の饗宴Ⅰ　風景の意味―理性と感性』（共編著）（三和書籍，2007年），『〈脱・恋愛〉論』（平凡社，2011年）など。

相互作用論の視点から社会問題，個々人の生きづらさを考察し，さらに相互作用および生の要としての身体に目を向けている。身体と生に深く関わる食の問題にも取り組み中。

日常の最前線としての身体
――社会を変える相互作用――

2015年11月20日　第１刷発行　　定価はカバーに表示しています

著　者　草　柳　千　早

発行者　上　原　寿　明

世界思想社

京都市左京区岩倉南桑原町 56　〒 606-0031
電話 075(721)6500
振替 01000-6-2908
http://sekaishisosha.jp/

（共同印刷工業・藤沢製本）

ISBN978-4-7907-1670-9